最新法律文件解读丛书

商 事
法律文件解读

SHANGSHI FALÜ WENJIAN JIEDU

人民法院出版社 编

总第231辑 2024.03

人民法院出版社

图书在版编目（CIP）数据

商事法律文件解读. 总第231辑 / 人民法院出版社编. 北京 : 人民法院出版社, 2024. 7. -- (最新法律文件解读丛书). -- ISBN 978-7-5109-4135-1

Ⅰ. D923.995

中国国家版本馆CIP数据核字第2024SN9365号

商事法律文件解读·总第231辑

人民法院出版社　编

责任编辑　路建华
出版发行　人民法院出版社
地　　址　北京市东城区东交民巷27号　邮编　100745
电　　话　(010)67550660(责任编辑)　67550558(发行部查询)
　　　　　　65223677(读者服务部)
客服QQ　2092078039
网　　址　http://www.courtbook.com.cn
E - mail　courtbook@sina.com
印　　刷　三河市国英印务有限公司
经　　销　新华书店
开　　本　787毫米×1092毫米　1/16
字　　数　115千字
印　　张　8
版　　次　2024年7月第1版　　2024年7月第1次印刷
书　　号　ISBN 978-7-5109-4135-1
定　　价　28.00元

卷首语

改革开放以来，我国关税法律制度建设持续加强和完善。近年来，关税领域出现了新情况和新变化，有必要在总结《中华人民共和国进出口关税条例》实施经验的基础上制定关税法。为此，2024 年 4 月 26 日第十四届全国人民代表大会常务委员会第九次会议通过了《中华人民共和国关税法》(以下简称关税法)，对关税适用范围，关税税目税率的设置、调整和实施，应纳税额、税收优惠和特殊情形关税征收等制度作出规定。本辑收录了关税法和全国人大常委会法工委有关负责人就关税法答记者问文章，以帮助读者准确理解与适用关税法。

为做好人民法院案例库的建设和使用工作，促进法律正确统一适用，深化诉源治理，提升公正与效率，结合审判工作实际，最高人民法院于 2024 年 5 月 7 日发布了《人民法院案例库建设运行工作规程》(以下简称规程)。本辑收录了规程。

随着数字时代的来临，数字金融与社会经济生活的关系越发密切，积极探索和创新数字时代金融审判司法服务的新路径和新举措，以金融审判成果促进金融行业的健康发展，为构建中国特色现代金融体系贡献司法智慧，是数字时代金融审判的新使命和新作为。为此，本辑在“司法实务问题研究”栏目收录了《数字时代金融审判功能定位与路径创新》一文。

最新法律文件解读丛书

编 辑 部

兰丽专　（010）67550626

丁丽娜　（010）67550608

杨晓燕　（010）67550508

杨　洁　（010）67550562

路建华　（010）67550660

赵杰琼　（010）67550656

投稿邮箱：

《刑事法律文件解读》　5184621@ qq. com

《民事法律文件解读》　1216921515@ qq. com

《商事法律文件解读》　shangshijiedu@ 126. com

《行政与执行法律文件解读》　1092123089@ qq. com

目录

法律、法律性文件与解读

司法解释、司法指导性文件与解读

部门规章、规章性文件与解读

法律、法律性文件与解读

中华人民共和国关税法

（2024年4月26日第十四届全国人民代表大会常务委员会第九次会议通过
2024年4月26日中华人民共和国主席令第二十三号公布
自2024年12月1日起施行）

目　录

第一章　总　　则

第一条　为了规范关税的征收和缴纳，维护进出口秩序，促进对外贸易，推进高水平对外开放，推动高质量发展，维护国家主权和利益，保护纳税人合法权益，根据宪法，制定本法。

第二条　中华人民共和国准许进出口的货物、进境物品，由海关依照本法和有关法律、行政法规的规定征收关税。

第三条　进口货物的收货人、出口货物的发货人、进境物品的携带人或者收件人，是关税的纳税人。

从事跨境电子商务零售进口的电子商务平台经营者、物流企业和报关企业，以及法律、行政法规规定负有代扣代缴、代收代缴关税税款义务的单位和个人，是关税的扣缴义务人。

第四条　进出口货物的关税税目、税率以及税目、税率的适用规则等，依照本法所附《中华人民共和国进出口税则》（以下简称《税则》）执行。

第五条　个人合理自用的进境物品，按照简易征收办法征收关税。超过个人合理自用数量的进境物品，按照进口货物征收关税。

个人合理自用的进境物品，在规定数额以内的免征关税。

进境物品关税简易征收办法和免征关税数额由国务院规定，报全国人民代表大会常务委员会备案。

第六条　关税工作坚持中国共产党的领导，贯彻落实党和国家路线方针政策、决策部署，为国民经济和社会发展服务。

第七条　国务院设立关税税则委员会，履行下列职责：

（一）审议关税工作重大规划，拟定关税改革发展方案，并组织实施；

（二）审议重大关税政策和对外关税谈判方案；

（三）提出《税则》调整建议；

（四）定期编纂、发布《税则》；

（五）解释《税则》的税目、税率；

（六）决定征收反倾销税、反补贴税、保障措施关税，实施国务院决定的其他关税措施；

（七）法律、行政法规和国务院规定的其他职责。

国务院关税税则委员会的组成和工作规则由国务院规定。

第八条 海关及其工作人员对在履行职责中知悉的纳税人、扣缴义务人的商业秘密、个人隐私、个人信息，应当依法予以保密，不得泄露或者非法向他人提供。

第二章 税目和税率

第九条 关税税目由税则号列和目录条文等组成。

关税税目适用规则包括归类规则等。进出口货物的商品归类，应当按照《税则》规定的目录条文和归类总规则、类注、章注、子目注释、本国子目注释，以及其他归类注释确定，并归入相应的税则号列。

根据实际需要，国务院关税税则委员会可以提出调整关税税目及其适用规则的建议，报国务院批准后发布执行。

第十条 进口关税设置最惠国税率、协定税率、特惠税率、普通税率。

出口关税设置出口税率。

对实行关税配额管理的进出口货物，设置关税配额税率。

对进出口货物在一定期限内可以实行暂定税率。

第十一条 关税税率的适用应当符合相应的原产地规则。

完全在一个国家或者地区获得的货物，以该国家或者地区为原产地；两个以上国家或者地区参与生产的货物，以最后完成实质性改变的国家或者地区为原产地。国务院根据中华人民共和国缔结或者共同参加的国际条约、协定对原产地的确定另有规定的，依照其规定。

进口货物原产地的具体确定，依照本法和国务院及其有关部门的规定执行。

第十二条 原产于共同适用最惠国待遇条款的世界贸易组织成员的进口货物，原产于与中华人民共和国缔结或者共同参加含有相互给予最惠国待遇条款的国际条约、协定的国家或者地区的进口货物，以及原产于中华人民共和国境内的进口货物，适用最惠国税率。

原产于与中华人民共和国缔结或者共同参加含有关税优惠条款的国际条约、协定的国家或者地区且符合国际条约、协定有关规定的进口货物，适用协定税率。

原产于中华人民共和国给予特殊关税优惠安排的国家或者地区且符合国家原产地管理规定的进口货物，适用特惠税率。

原产于本条第一款至第三款规定以外的国家或者地区的进口货物，以及原产地不明的进口货物，适用普通税率。

第十三条　适用最惠国税率的进口货物有暂定税率的，适用暂定税率。

适用协定税率的进口货物有暂定税率的，从低适用税率；其最惠国税率低于协定税率且无暂定税率的，适用最惠国税率。

适用特惠税率的进口货物有暂定税率的，从低适用税率。

适用普通税率的进口货物，不适用暂定税率。

适用出口税率的出口货物有暂定税率的，适用暂定税率。

第十四条　实行关税配额管理的进出口货物，关税配额内的适用关税配额税率，有暂定税率的适用暂定税率；关税配额外的，其税率的适用按照本法第十二条、第十三条的规定执行。

第十五条　关税税率的调整，按照下列规定执行：

（一）需要调整中华人民共和国在加入世界贸易组织议定书中承诺的最惠国税率、关税配额税率和出口税率的，由国务院关税税则委员会提出建议，经国务院审核后报全国人民代表大会常务委员会决定。

（二）根据实际情况，在中华人民共和国加入世界贸易组织议定书中承诺的范围内调整最惠国税率、关税配额税率和出口税率，调整特惠税率适用的国别或者地区、货物范围和税率，或者调整普通税率的，由国务院决定，报全国人民代表大会常务委员会备案。

（三）特殊情况下最惠国税率的适用，由国务院决定，报全国人民代表大会常务委员会备案。

协定税率在完成有关国际条约、协定的核准或者批准程序后，由国务院关税税则委员会组织实施。

实行暂定税率的货物范围、税率和期限由国务院关税税则委员会决定。

与关税税目调整相关的税率的技术性转换，由国务院关税税则委员会提出建议，报国务院批准后执行。

关税税率依照前四款规定调整的，由国务院关税税则委员会发布。

第十六条 依法对进口货物征收反倾销税、反补贴税、保障措施关税的，其税率的适用按照有关反倾销、反补贴和保障措施的法律、行政法规的规定执行。

第十七条 任何国家或者地区不履行与中华人民共和国缔结或者共同参加的国际条约、协定中的最惠国待遇条款或者关税优惠条款，国务院关税税则委员会可以提出按照对等原则采取相应措施的建议，报国务院批准后执行。

第十八条 任何国家或者地区违反与中华人民共和国缔结或者共同参加的国际条约、协定，对中华人民共和国在贸易方面采取禁止、限制、加征关税或者其他影响正常贸易的措施的，对原产于该国家或者地区的进口货物可以采取征收报复性关税等措施。

征收报复性关税的货物范围、适用国别或者地区、税率、期限和征收办法，由国务院关税税则委员会提出建议，报国务院批准后执行。

第十九条 涉及本法第十六条、第十七条、第十八条规定措施的进口货物，纳税人未提供证明材料，或者提供了证明材料但经海关审核仍无法排除该货物原产于被采取规定措施的国家或者地区的，对该货物适用下列两项税率中较高者：

（一）因采取规定措施对相关货物所实施的最高税率与按照本法第

十二条、第十三条、第十四条规定适用的税率相加后的税率；

（二）普通税率。

第二十条 进出口货物、进境物品，应当适用纳税人、扣缴义务人完成申报之日实施的税率。

进口货物到达前，经海关核准先行申报的，应当适用装载该货物的运输工具申报进境之日实施的税率。

第二十一条 有下列情形之一的，应当适用纳税人、扣缴义务人办理纳税手续之日实施的税率：

（一）保税货物不复运出境，转为内销；

（二）减免税货物经批准转让、移作他用或者进行其他处置；

（三）暂时进境货物不复运出境或者暂时出境货物不复运进境；

（四）租赁进口货物留购或者分期缴纳税款。

第二十二条 补征或者退还关税税款，应当按照本法第二十条或者第二十一条的规定确定适用的税率。

因纳税人、扣缴义务人违反规定需要追征税款的，应当适用违反规定行为发生之日实施的税率；行为发生之日不能确定的，适用海关发现该行为之日实施的税率。

第三章 应纳税额

第二十三条 关税实行从价计征、从量计征、复合计征的方式征收。

实行从价计征的，应纳税额按照计税价格乘以比例税率计算。

实行从量计征的，应纳税额按照货物数量乘以定额税率计算。

实行复合计征的，应纳税额按照计税价格乘以比例税率与货物数量乘以定额税率之和计算。

第二十四条 进口货物的计税价格以成交价格以及该货物运抵中华

人民共和国境内输入地点起卸前的运输及其相关费用、保险费为基础确定。

进口货物的成交价格，是指卖方向中华人民共和国境内销售该货物时买方为进口该货物向卖方实付、应付的，并按照本法第二十五条、第二十六条规定调整后的价款总额，包括直接支付的价款和间接支付的价款。

进口货物的成交价格应当符合下列条件：

（一）对买方处置或者使用该货物不予限制，但法律、行政法规规定的限制、对货物转售地域的限制和对货物价格无实质性影响的限制除外；

（二）该货物的成交价格没有因搭售或者其他因素的影响而无法确定；

（三）卖方不得从买方直接或者间接获得因该货物进口后转售、处置或者使用而产生的任何收益，或者虽有收益但能够按照本法第二十五条、第二十六条的规定进行调整；

（四）买卖双方没有特殊关系，或者虽有特殊关系但未对成交价格产生影响。

第二十五条 进口货物的下列费用应当计入计税价格：

（一）由买方负担的购货佣金以外的佣金和经纪费；

（二）由买方负担的与该货物视为一体的容器的费用；

（三）由买方负担的包装材料费用和包装劳务费用；

（四）与该货物的生产和向中华人民共和国境内销售有关的，由买方以免费或者以低于成本的方式提供并可以按适当比例分摊的料件、工具、模具、消耗材料及类似货物的价款，以及在中华人民共和国境外开发、设计等相关服务的费用；

（五）作为该货物向中华人民共和国境内销售的条件，买方必须支付的、与该货物有关的特许权使用费；

（六）卖方直接或者间接从买方获得的该货物进口后转售、处置或者使用的收益。

第二十六条 进口时在货物的价款中列明的下列费用、税收，不计入该货物的计税价格：

（一）厂房、机械、设备等货物进口后进行建设、安装、装配、维修和技术服务的费用，但保修费用除外；

（二）进口货物运抵中华人民共和国境内输入地点起卸后的运输及其相关费用、保险费；

（三）进口关税及国内税收。

第二十七条 进口货物的成交价格不符合本法第二十四条第三款规定条件，或者成交价格不能确定的，海关经了解有关情况，并与纳税人进行价格磋商后，依次以下列价格估定该货物的计税价格：

（一）与该货物同时或者大约同时向中华人民共和国境内销售的相同货物的成交价格；

（二）与该货物同时或者大约同时向中华人民共和国境内销售的类似货物的成交价格；

（三）与该货物进口的同时或者大约同时，将该进口货物、相同或者类似进口货物在中华人民共和国境内第一级销售环节销售给无特殊关系买方最大销售总量的单位价格，但应当扣除本法第二十八条规定的项目；

（四）按照下列各项总和计算的价格：生产该货物所使用的料件成本和加工费用，向中华人民共和国境内销售同等级或者同种类货物通常的利润和一般费用，该货物运抵中华人民共和国境内输入地点起卸前的运输及其相关费用、保险费；

（五）以合理方法估定的价格。

纳税人可以向海关提供有关资料，申请调整前款第三项和第四项的适用次序。

第二十八条　按照本法第二十七条第一款第三项规定估定计税价格，应当扣除下列项目：

（一）同等级或者同种类货物在中华人民共和国境内第一级销售环节销售时通常的利润和一般费用以及通常支付的佣金；

（二）进口货物运抵中华人民共和国境内输入地点起卸后的运输及其相关费用、保险费；

（三）进口关税及国内税收。

第二十九条　出口货物的计税价格以该货物的成交价格以及该货物运至中华人民共和国境内输出地点装载前的运输及其相关费用、保险费为基础确定。

出口货物的成交价格，是指该货物出口时卖方为出口该货物应当向买方直接收取和间接收取的价款总额。

出口关税不计入计税价格。

第三十条　出口货物的成交价格不能确定的，海关经了解有关情况，并与纳税人进行价格磋商后，依次以下列价格估定该货物的计税价格：

（一）与该货物同时或者大约同时向同一国家或者地区出口的相同货物的成交价格；

（二）与该货物同时或者大约同时向同一国家或者地区出口的类似货物的成交价格；

（三）按照下列各项总和计算的价格：中华人民共和国境内生产相同或者类似货物的料件成本、加工费用，通常的利润和一般费用，境内发生的运输及其相关费用、保险费；

（四）以合理方法估定的价格。

第三十一条　海关可以依申请或者依职权，对进出口货物、进境物品的计税价格、商品归类和原产地依法进行确定。

必要时，海关可以组织化验、检验，并将海关认定的化验、检验结果作为确定计税价格、商品归类和原产地的依据。

第四章　税收优惠和特殊情形关税征收

第三十二条　下列进出口货物、进境物品，免征关税：

（一）国务院规定的免征额度内的一票货物；

（二）无商业价值的广告品和货样；

（三）进出境运输工具装载的途中必需的燃料、物料和饮食用品；

（四）在海关放行前损毁或者灭失的货物、进境物品；

（五）外国政府、国际组织无偿赠送的物资；

（六）中华人民共和国缔结或者共同参加的国际条约、协定规定免征关税的货物、进境物品；

（七）依照有关法律规定免征关税的其他货物、进境物品。

第三十三条　下列进出口货物、进境物品，减征关税：

（一）在海关放行前遭受损坏的货物、进境物品；

（二）中华人民共和国缔结或者共同参加的国际条约、协定规定减征关税的货物、进境物品；

（三）依照有关法律规定减征关税的其他货物、进境物品。

前款第一项减征关税，应当根据海关认定的受损程度办理。

第三十四条　根据维护国家利益、促进对外交往、经济社会发展、科技创新需要或者由于突发事件等原因，国务院可以制定关税专项优惠政策，报全国人民代表大会常务委员会备案。

第三十五条　减免税货物应当依法办理手续。需由海关监管使用的减免税货物应当接受海关监管，在监管年限内转让、移作他用或者进行其他处置，按照国家有关规定需要补税的，应当补缴关税。

对需由海关监管使用的减免税进境物品，参照前款规定执行。

第三十六条　保税货物复运出境的，免征关税；不复运出境转为内销的，按照规定征收关税。加工贸易保税进口料件或者其制成品内销的，除按照规定征收关税外，还应当征收缓税利息。

第三十七条 暂时进境或者暂时出境的下列货物、物品，可以依法暂不缴纳关税，但该货物、物品应当自进境或者出境之日起六个月内复运出境或者复运进境；需要延长复运出境或者复运进境期限的，应当根据海关总署的规定向海关办理延期手续：

（一）在展览会、交易会、会议以及类似活动中展示或者使用的货物、物品；

（二）文化、体育交流活动中使用的表演、比赛用品；

（三）进行新闻报道或者摄制电影、电视节目使用的仪器、设备及用品；

（四）开展科研、教学、医疗卫生活动使用的仪器、设备及用品；

（五）在本款第一项至第四项所列活动中使用的交通工具及特种车辆；

（六）货样；

（七）供安装、调试、检测设备时使用的仪器、工具；

（八）盛装货物的包装材料；

（九）其他用于非商业目的的货物、物品。

前款所列货物、物品在规定期限内未复运出境或者未复运进境的，应当依法缴纳关税。

第三十八条 本法第三十七条规定以外的其他暂时进境的货物、物品，应当根据该货物、物品的计税价格和其在境内滞留时间与折旧时间的比例计算缴纳进口关税；该货物、物品在规定期限届满后未复运出境的，应当补足依法应缴纳的关税。

本法第三十七条规定以外的其他暂时出境货物，在规定期限届满后未复运进境的，应当依法缴纳关税。

第三十九条 因品质、规格原因或者不可抗力，出口货物自出口之日起一年内原状复运进境的，不征收进口关税。因品质、规格原因或者不可抗力，进口货物自进口之日起一年内原状复运出境的，不征收出口关税。

特殊情形下，经海关批准，可以适当延长前款规定的期限，具体办法由海关总署规定。

第四十条 因残损、短少、品质不良或者规格不符原因，进出口货物的发货人、承运人或者保险公司免费补偿或者更换的相同货物，进出口时不征收关税。被免费更换的原进口货物不退运出境或者原出口货物不退运进境的，海关应当对原进出口货物重新按照规定征收关税。

纳税人应当在原进出口合同约定的请求赔偿期限内且不超过原进出口放行之日起三年内，向海关申报办理免费补偿或者更换货物的进出口手续。

第五章 征收管理

第四十一条 关税征收管理可以实施货物放行与税额确定相分离的模式。

关税征收管理应当适应对外贸易新业态新模式发展需要，提升信息化、智能化、标准化、便利化水平。

第四十二条 进出口货物的纳税人、扣缴义务人可以按照规定选择海关办理申报纳税。

纳税人、扣缴义务人应当按照规定的期限和要求如实向海关申报税额，并提供相关资料。必要时，海关可以要求纳税人、扣缴义务人补充申报。

第四十三条 进出口货物的纳税人、扣缴义务人应当自完成申报之日起十五日内缴纳税款；符合海关规定条件并提供担保的，可以于次月第五个工作日结束前汇总缴纳税款。因不可抗力或者国家税收政策调整，不能按期缴纳的，经向海关申请并提供担保，可以延期缴纳，但最长不得超过六个月。

纳税人、扣缴义务人未在前款规定的纳税期限内缴纳税款的，自规定的期限届满之日起，按日加收滞纳税款万分之五的滞纳金。

税款尚未缴纳，纳税人、扣缴义务人依照有关法律、行政法规的规定申请提供担保要求放行货物的，海关应当依法办理担保手续。

第四十四条 进出口货物的纳税人在规定的纳税期限内有转移、藏匿其应税货物以及其他财产的明显迹象，或者存在其他可能导致无法缴纳税款风险的，海关可以责令其提供担保；纳税人不提供担保的，经直属海关关长或者其授权的隶属海关关长批准，海关可以实施下列强制措施：

（一）书面通知银行业金融机构冻结纳税人金额相当于应纳税款的存款、汇款；

（二）查封、扣押纳税人价值相当于应纳税款的货物或者其他财产。

纳税人在规定的纳税期限内缴纳税款的，海关应当立即解除强制措施。

第四十五条 自纳税人、扣缴义务人缴纳税款或者货物放行之日起三年内，海关有权对纳税人、扣缴义务人的应纳税额进行确认。

海关确认的应纳税额与纳税人、扣缴义务人申报的税额不一致的，海关应当向纳税人、扣缴义务人出具税额确认书。纳税人、扣缴义务人应当按照税额确认书载明的应纳税额，在海关规定的期限内补缴税款或者办理退税手续。

经海关确认应纳税额后需要补缴税款但未在规定的期限内补缴的，自规定的期限届满之日起，按日加收滞纳税款万分之五的滞纳金。

第四十六条 因纳税人、扣缴义务人违反规定造成少征或者漏征税款的，海关可以自缴纳税款或者货物放行之日起三年内追征税款，并自缴纳税款或者货物放行之日起，按日加收少征或者漏征税款万分之五的滞纳金。

第四十七条 对走私行为，海关追征税款、滞纳金的，不受前条规定期限的限制，并有权核定应纳税额。

第四十八条 海关发现海关监管货物因纳税人、扣缴义务人违反规定造成少征或者漏征税款的，应当自纳税人、扣缴义务人应缴纳税款之日起三年内追征税款，并自应缴纳税款之日起按日加收少征或者漏征税款万分之五的滞纳金。

第四十九条 海关可以对纳税人、扣缴义务人欠缴税款的情况予以公告。

纳税人未缴清税款、滞纳金且未向海关提供担保的，经直属海关关长或者其授权的隶属海关关长批准，海关可以按照规定通知移民管理机构对纳税人或者其法定代表人依法采取限制出境措施。

第五十条 纳税人、扣缴义务人未按照规定的期限缴纳或者解缴税款的，由海关责令其限期缴纳；逾期仍未缴纳且无正当理由的，经直属海关关长或者其授权的隶属海关关长批准，海关可以实施下列强制执行措施：

（一）书面通知银行业金融机构划拨纳税人、扣缴义务人金额相当于应纳税款的存款、汇款；

（二）查封、扣押纳税人、扣缴义务人价值相当于应纳税款的货物或者其他财产，依法拍卖或者变卖所查封、扣押的货物或者其他财产，以拍卖或者变卖所得抵缴税款，剩余部分退还纳税人、扣缴义务人。

海关实施强制执行时，对未缴纳的滞纳金同时强制执行。

第五十一条 海关发现多征税款的，应当及时通知纳税人办理退还手续。

纳税人发现多缴税款的，可以自缴纳税款之日起三年内，向海关书面申请退还多缴的税款。海关应当自受理申请之日起三十日内查实并通知纳税人办理退还手续，纳税人应当自收到通知之日起三个月内办理退还手续。

第五十二条 有下列情形之一的，纳税人自缴纳税款之日起一年内，可以向海关申请退还关税：

（一）已征进口关税的货物，因品质、规格原因或者不可抗力，一年内原状复运出境；

（二）已征出口关税的货物，因品质、规格原因或者不可抗力，一年内原状复运进境，并已重新缴纳因出口而退还的国内环节有关税收；

（三）已征出口关税的货物，因故未装运出口，申报退关。

申请退还关税应当以书面形式提出，并提供原缴款凭证及相关资料。海关应当自受理申请之日起三十日内查实并通知纳税人办理退还手续。纳税人应当自收到通知之日起三个月内办理退还手续。

按照其他有关法律、行政法规规定应当退还关税的，海关应当依法予以退还。

第五十三条 按照规定退还关税的，应当加算银行同期活期存款利息。

第五十四条 对规避本法第二章、第三章有关规定，不具有合理商业目的而减少应纳税额的行为，国家可以采取调整关税等反规避措施。

第五十五条 报关企业接受纳税人的委托，以纳税人的名义办理报关纳税手续，因报关企业违反规定造成海关少征、漏征税款的，报关企业对少征或者漏征的税款及其滞纳金与纳税人承担纳税的连带责任。

报关企业接受纳税人的委托，以报关企业的名义办理报关纳税手续的，报关企业与纳税人承担纳税的连带责任。

第五十六条 除不可抗力外，在保管海关监管货物期间，海关监管货物损毁或者灭失的，对海关监管货物负有保管义务的单位或者个人应当承担相应的纳税责任。

第五十七条 未履行纳税义务的纳税人有合并、分立情形的，在合并、分立前，应当向海关报告，依法缴清税款、滞纳金或者提供担保。纳税人合并时未缴清税款、滞纳金或者未提供担保的，由合并后的法人或者非法人组织继续履行未履行的纳税义务；纳税人分立时未缴清税款、滞纳金或者未提供担保的，分立后的法人或者非法人组织对未履行的纳税义务承担连带责任。

纳税人在减免税货物、保税货物监管期间，有合并、分立或者其他资产重组情形的，应当向海关报告；按照规定需要缴税的，应当依法缴清税款、滞纳金或者提供担保；按照规定可以继续享受减免税、保税的，应当向海关办理变更纳税人的手续。

纳税人未履行纳税义务或者在减免税货物、保税货物监管期间，有解散、破产或者其他依法终止经营情形的，应当在清算前向海关报告。海关应当依法清缴税款、滞纳金。

第五十八条 海关征收的税款优先于无担保债权，法律另有规定的除外。纳税人欠缴税款发生在纳税人以其财产设定抵押、质押之前的，税款应当先于抵押权、质权执行。

纳税人欠缴税款，同时被行政机关处以罚款、没收违法所得，其财产不足以同时支付的，应当先缴纳税款。

第五十九条 税款、滞纳金应当按照国家有关规定及时缴入国库。

退还税款、利息涉及从国库中退库的，按照法律、行政法规有关国库管理的规定执行。

第六十条 税款、滞纳金、利息等应当以人民币计算。

进出口货物、进境物品的价格以及有关费用以人民币以外的货币计算的，按照纳税人完成申报之日的计征汇率折合为人民币计算。

前款所称计征汇率，是指按照海关总署规定确定的日期当日的人民币汇率中间价。

第六十一条 海关因关税征收的需要，可以依法向有关政府部门和机构查询纳税人的身份、账户、资金往来等涉及关税的信息，有关政府部门和机构应当在职责范围内予以协助和配合。海关获取的涉及关税的信息只能用于关税征收目的。

第六章　法律责任

第六十二条　有下列情形之一的，由海关给予警告；情节严重的，处三万元以下的罚款：

（一）未履行纳税义务的纳税人有合并、分立情形，在合并、分立前，未向海关报告；

（二）纳税人在减免税货物、保税货物监管期间，有合并、分立或者其他资产重组情形，未向海关报告；

（三）纳税人未履行纳税义务或者在减免税货物、保税货物监管期间，有解散、破产或者其他依法终止经营情形，未在清算前向海关报告。

第六十三条　纳税人欠缴应纳税款，采取转移或者藏匿财产等手段，妨碍海关依法追征欠缴的税款的，除由海关追征欠缴的税款、滞纳金外，处欠缴税款百分之五十以上五倍以下的罚款。

第六十四条　扣缴义务人应扣未扣、应收未收税款的，由海关向纳税人追征税款，对扣缴义务人处应扣未扣、应收未收税款百分之五十以上三倍以下的罚款。

第六十五条　对本法第六十二条、第六十三条、第六十四条规定以外其他违反本法规定的行为，由海关依照《中华人民共和国海关法》等法律、行政法规的规定处罚。

第六十六条　纳税人、扣缴义务人、担保人对海关确定纳税人、商品归类、货物原产地、纳税地点、计征方式、计税价格、适用税率或者汇率，决定减征或者免征税款，确认应纳税额、补缴税款、退还税款以及加收滞纳金等征税事项有异议的，应当依法先向上一级海关申请行政复议；对行政复议决定不服的，可以依法向人民法院提起行政诉讼。

当事人对海关作出的前款规定以外的行政行为不服的，可以依法申请行政复议，也可以依法向人民法院提起行政诉讼。

第六十七条 违反本法规定，滥用职权、玩忽职守、徇私舞弊或者泄露、非法向他人提供在履行职责中知悉的商业秘密、个人隐私、个人信息的，依法给予处分。

第六十八条 违反本法规定，构成犯罪的，依法追究刑事责任。

第七章 附 则

第六十九条 《中华人民共和国海南自由贸易港法》对海南自由贸易港的关税事宜另有规定的，依照其规定。

第七十条 进口环节海关代征税的征收管理，适用关税征收管理的规定。

船舶吨税的征收，《中华人民共和国船舶吨税法》未作规定的，适用关税征收管理的规定。

第七十一条 从事免税商品零售业务应当经过批准，具体办法由国务院规定。

第七十二条 本法自 2024 年 12 月 1 日起施行。《中华人民共和国进出口关税条例》同时废止。

附：中华人民共和国进出口税则（略——编者注）

落实税收法定原则　推进高水平对外开放

——全国人大常委会法工委有关负责人就《中华人民共和国关税法》答记者问

十四届全国人大常委会第九次会议2024年4月26日表决通过《中华人民共和国关税法》（以下简称关税法），自2024年12月1日起施行。全国人大常委会法工委有关负责人就关税法有关问题回答了记者提问。

问：制定关税法的背景与思路是什么？

答：关税是以进出口货物和进境物品为征税对象，由海关在进出口环节征收的税种。关税征收事关国家主权和利益，既是财政收入重要来源，也是实施宏观调控和贸易、产业政策的重要手段，在服务大局等方面也发挥着重要作用。

改革开放以来，我国关税法律制度建设持续加强和完善。近年来，关税领域出现了新情况新变化，有必要在总结进出口关税条例实施经验的基础上制定关税法。一是立法法明确要求税种的设立、税率的确定和税收征收管理等税收基本制度需要制定法律。二是为积极有效应对国内国际形势变化，需要在完善关税制度的同时，强化关税作为国内国际双循环调节器的作用，丰富法律应对措施。三是按照主动对接国际高标准经贸规则有关要求，需要及时将关税征收管理有关成熟经验做法上升为法律制度。

关税法的出台，对于发展对外贸易、扩大制度型开放、推动高质量发展具有重要意义，同时也是落实税收法定改革任务的一项重要举措。

问：关税法主要内容有哪些？

答：关税法共七章72条，主要包括以下内容。

一是坚持党对关税工作的领导，建立健全关税工作管理体制。明确全国人大常委会、国务院、国务院关税税则委员会（以下简称税委会）关于税目、税率的调整权限以及关税征收管理的基本制度。

二是明确关税适用范围。规定中华人民共和国准许进出口的货物、进境物品，由海关依照关税法和有关法律、行政法规的规定征收关税。进口货物的收货人、出口货物的发货人、进境物品的携带人或者收件人，是关税的纳税人；适应跨境电商发展要求，对相关领域扣缴义务人作出明确规定。

三是规范关税税目税率的设置、调整和实施。明确包含关税税目税率表的进出口税则，是关税法的组成部分；明确关税税率的种类，包括进口环节的最惠国税率、协定税率、特惠税率、普通税率，出口环节的出口税率，涵盖进出口环节的关税配额税率、暂定税率等；规定各类关税税率的适用规则和调整机制。

四是完善应纳税额、税收优惠和特殊情形关税征收等制度。规定关税采取从价计征、从量计征、复合计征方式计算应纳税额，维持现行关税计税价格的确定规则；明确免征、减征关税项目，并授权国务院根据维护国家利益、促进对外交往、经济社会发展、科技创新需要或者由于突发事件等原因，制定关税专项优惠政策，报全国人大常委会备案；维持现行相关政策安排，对减免税货物、保税货物以及暂时进出境货物、物品等特殊情形的关税征收作出规定。

五是对接国际高标准经贸规则，健全完善关税征收管理制度。明确关税征收管理可以实施货物放行与税额确定相分离的模式；规定纳税人、扣缴义务人可以按照规定选择海关办理申报纳税；将实践中允许纳税人、扣缴义务人汇总缴纳税款的做法上升为法律规定；将纳税人发现多缴税款时申请退税的期限由一年延长为三年；明确海关发现多征税款的应当及时退还纳税人等。

六是统筹发展和安全，充实关税应对措施。在维持现行的反倾销、反补贴和保障措施等关税措施、征收报复性关税措施的同时，增加规定对不履行与我国缔结或者共同参加的国际条约、协定中的最惠国待遇条款或者关税优惠条款的国家和地区，可以按照对等原则采取相应措施。相关措施将以符合我国在有关国际条约项下义务的方式实施。同时，为确保相关措施的实施效果，明确对规避关税法第二章、第三章有关规定，不具有合理商业目的而减少应纳税额的行为，国家可以采取调整关税等反规避措施。

问：关于《中华人民共和国进出口税则》（以下简称税则）发布的安排有何考虑？

答：税则主要对关税的税目、税率以及税目、税率的适用规则作出规定。税则作为关税法的附件，是关税法的组成部分。同时，关税法注明税则由税委会发布，并授权税委会对依法进行的税则调整予以发布。按照上述规定，关税法表决通过后，正文部分按法定程序由主席令予以公布并在全国人大常委会公报、中国人大网上刊载；税则作为关税法的附件，由税委会发布。

这样安排有以下考虑：一是根据立法法，税种的设立、税率的确定等税收基本制度只能制定法律，属于全国人大及其常委会的专属立法权。税则是关于关税具体税目、税率及其适用规则的规定，必须在法律中作出规定。将税则作为关税法的附件，明确税则是关税法的组成部分，由全国人大常委会一并审议通过，体现了立法法的要求。二是考虑到税则篇幅过大、技术性强、变化频繁，目前通过有关政府网站发布。因此，关税法规定税委会履行定期编纂、发布税则等职责，授权税委会在关税法通过后，发布由全国人大常委会审议通过的税则。

（来源：法治网）

司法解释、司法指导性文件与解读

人民法院案例库建设运行工作规程

2024年5月7日　　法〔2024〕92号

第一章　一般规定

第一条　为做好人民法院案例库的建设和使用工作，促进法律正确统一适用，深化诉源治理，提升公正与效率，结合审判工作实际，制定本规程。

第二条　人民法院案例库是由最高人民法院统一建设的案例资源库。最高人民法院各审判业务部门负责案例收集、编选及审查等工作。最高人民法院研究室负责统筹人民法院案例库建设、案例审核等工作。

第三条　人民法院案例库收录最高人民法院发布的指导性案例和经最高人民法院审核入库的参考案例，供各级人民法院和社会公众查询、使用、学习、研究。

以审判业务领域为标准，入库案例分为刑事、民事、行政、国家赔偿、执行五种类型。根据工作需要，人民法院案例库设置相关特色专栏。

第四条　人民法院案例库收录的参考案例，应当是裁判已经发生法律效力，且对类案审判具有参考示范价值的案例。

针对同一具体法律适用问题收录的参考案例一般不超过两件。

第五条 参考案例统一编号，体例格式一般包括标题、副标题、关键词、基本案情、裁判理由、裁判要旨、关联索引。

指导性案例按照发布时的文本直接入库，保留原编号并增加入库编号。

第六条 参考案例的报送、审查、审核等工作应当在人民法院案例库平台上开展。

第七条 对于案例是否符合入库标准、是否应当出库存在重大争议的，可以提交审判委员会讨论决定。

第二章 参考案例的入库流程

第八条 中级、基层人民法院对本院已经发生法律效力的裁判，认为符合入库标准的，应当及时按照格式要求编写案例，经分管院领导审批，层报高级人民法院。

第九条 高级人民法院审判业务部门负责收集、编选、审查本院和辖区法院案例，经专业法官会议讨论，认为符合参考案例入库标准的，经分管院领导审批后送本院研究室。高级人民法院研究室审核后，根据最高人民法院审判业务条线分工，报送至最高人民法院相关审判业务部门。

第十条 最高人民法院各巡回法庭、国家法官学院（司法案例研究院）、中国应用法学研究所、人民法院新闻传媒总社等可以结合工作实际编写案例，推荐至最高人民法院相关审判业务部门。

最高人民法院各审判业务部门、研究室可以自行收集、编写案例，按照本章规定的流程审查入库。

第十一条 最高人民法院各审判业务部门负责审查本部门编写，最高人民法院各巡回法庭、国家法官学院（司法案例研究院）、中国应用法学研究所、人民法院新闻传媒总社等推荐，以及高级人民法院报送的案例。

第十二条 最高人民法院各审判业务部门对案例的事实认定、法律适用、裁判说理、价值导向等进行全面审查，经专业法官会议讨论，分别作出以下处理：

（一）认为符合入库标准的，报分管院领导审批后送研究室审核；

（二）认为基本符合入库标准，但需要修改完善的，可以直接作出修改，或者提出明确意见后退回修改；

（三）认为不符合入库标准的，终止审查并说明理由。

第十三条 最高人民法院研究室在对案例材料是否齐全、体例格式是否符合要求等进行审核的基础上，重点对案例是否符合入库标准进行审核。审核过程中，可以视情将案例送交院内外相关专家研提意见，相关工作可与案例推送部门沟通。

第十四条 最高人民法院研究室经审核，对案例分别作出以下处理：

（一）认为符合入库标准的，经文字核校后入库；

（二）认为基本符合入库标准，但需要修改完善的，可以直接作出修改，或者提出明确意见后退回修改；

（三）认为不符合入库标准的，终止审核并说明理由。

第十五条 最高人民法院研究室自行收集、编写的案例，应当征求相关审判业务部门的意见。

第三章 社会推荐参考案例的入库流程

第十六条 国家机关、法学院校、律师协会等单位，专家学者、律师及其他公民个人，可以向人民法院案例库推荐参考案例。

前款规定的单位和个人推荐参考案例的，可以通过人民法院案例库平台推荐，也可以通过信函等方式推荐。

第十七条 对于社会推荐的参考案例，一般由作出生效裁判的人民法院进行审查。

对于中央国家机关、全国性社会组织等推荐的参考案例，由最高人民法院直接审查。

对于地方国家机关、地方社会组织等推荐的参考案例，参照本条第二款的规定，由有关地方人民法院进行审查。

第十八条 社会推荐案例经审查审核入库的，最高人民法院应当向推荐人颁发证书。

第四章 入库案例的检索使用

第十九条 各级人民法院审理案件时，应当检索人民法院案例库，严格依照法律和司法解释、规范性文件，并参考入库类似案例作出裁判。

第二十条 各级人民法院审理案件时，经检索发现人民法院案例库未收录类似案例，而正在审理的案件所涉法律适用问题疑难、复杂的，可以就相关法律适用问题提出请示，或者报请提级管辖；由本院继续审理的，应当提交审判委员会讨论决定。

各级人民法院审理案件时，经检索发现人民法院案例库收录有类似案例，但认为正在审理的案件具有特殊情况，不宜参考入库案例的，应当提交审判委员会讨论决定。

前两款规定的案件对类案审判具有参考示范价值的，作出生效裁判的人民法院应当在裁判作出后三十日内编写案例，按照本规程第二章规定的流程入库。

第二十一条 各级人民法院审理案件时参考入库类似案例的，可以将类似案例的裁判理由、裁判要旨作为本案裁判考量、理由参引，但不作为裁判依据。

公诉机关、当事人及其辩护人、诉讼代理人等提交入库案例作为控（诉）辩理由的，人民法院应当在裁判文书说理中予以回应。

第二十二条 各级人民法院应当将参考入库案例作出裁判的情况作为案件质量评查内容。

第五章 参考案例的动态调整

第二十三条 人民法院案例库实行动态调整机制。

地方各级人民法院认为参考案例在法律适用方面存在不当，或者裁判理念等应当有发展、完善，不宜作为参考案例的，应当提出意见并说明理由，参照本规程第二章规定的流程层报最高人民法院相关审判业务部门审查；有适宜案例可资替换的，应当同时报送。

最高人民法院相关审判业务部门认为参考案例需要出库的，应当提出意见并说明理由，报分管院领导审批后，送研究室办理；有适宜案例可资替换的，应当同时送研究室审核。

最高人民法院研究室认为参考案例需要出库的，商相关审判业务部门处理。

第二十四条 各级人民法院认为参考案例需要作重要修改完善的，参照上述程序办理。

第六章 其他规定

第二十五条 最高人民法院研究室定期分析、通报人民法院案例库建设、使用工作情况。

各高级人民法院研究室应当定期就参与人民法院案例库建设、检索使用人民法院案例库等情况，向本院党组作出专题汇报。

第二十六条 人民法院出版社具体负责人民法院案例库建设、运行维护等工作。人民法院信息技术服务中心负责为人民法院案例库建设、运行维护提供软硬件环境基础支持。

第二十七条 根据工作需要，国家法官学院（司法案例研究院）开展入库案例检索使用等培训、教材编写和研究等工作；中国应用法学研究所加强入库案例研究工作，为入库案例的检索使用提供理论支持。

第二十八条 各级人民法院应当结合工作实际，将本院各部门及审判人员参与人民法院案例库建设工作情况纳入绩效考核。

第二十九条 指导性案例的遴选、审查、审议、使用等，适用《最高人民法院关于案例指导工作的规定》（法发〔2010〕51号）的有关规定。

第三十条 本规程自2024年5月8日起施行。以前发布的文件与本规程不一致的，以本规程为准。

部门规章、规章性文件与解读

网络反不正当竞争暂行规定

（2024年5月6日国家市场监督管理总局令第91号公布
自2024年9月1日起施行）

第一章 总 则

第一条 为了预防和制止网络不正当竞争行为，维护公平竞争的市场秩序，鼓励创新，保护经营者和消费者的合法权益，促进数字经济规范持续健康发展，根据《中华人民共和国反不正当竞争法》（以下简称反不正当竞争法）、《中华人民共和国电子商务法》（以下简称电子商务法）等法律、行政法规，制定本规定。

第二条 鼓励和支持经营者依法开展经营活动，公平参与市场竞争。经营者通过互联网等信息网络（以下简称网络）从事生产经营活动，应当遵循自愿、平等、公平、诚信的原则，遵守法律法规规章，遵守商业道德。

经营者不得实施网络不正当竞争行为，扰乱市场竞争秩序，影响市场公平交易，损害其他经营者或者消费者的合法权益。

第三条 国家市场监督管理总局负责监督指导全国网络反不正当竞争工作，组织查处全国范围内有重大影响的网络不正当竞争案件。

县级以上地方市场监督管理部门依法对网络不正当竞争行为进行查处。

市场监督管理部门在查处违法行为过程中，应当坚持依法行政，保证严格、规范、公正、文明执法。

第四条 市场监督管理部门应当会同反不正当竞争工作协调机制各成员单位，贯彻落实网络反不正当竞争重大政策措施，研究网络反不正当竞争工作重大问题，联合查处重大案件，协同推进综合治理。

反不正当竞争工作协调机制各成员单位应当按照职责分工，依法加强金融、传媒、电信等行业管理，采取有效措施，预防和制止网络不正当竞争行为。

第五条 国家鼓励、支持和保护一切组织和个人对网络不正当竞争行为进行社会监督。对涉嫌网络不正当竞争行为，任何单位和个人有权依法向市场监督管理部门举报，市场监督管理部门接到举报后应当及时处理。

行业组织应当加强行业自律，引导、规范会员依法合规竞争。

第六条 平台经营者应当加强对平台内竞争行为的规范管理，发现平台内经营者采取不正当竞争方式，违法销售商品、提供服务，或者侵害消费者合法权益的行为，应当及时采取必要的处置措施，保存有关记录，并按规定向平台经营者住所地县级以上市场监督管理部门报告。记录保存时间自作出处置措施之日起计算，不少于三年。

第二章 网络不正当竞争行为

第七条 经营者不得利用网络实施下列混淆行为，引人误以为是他人商品（本规定所称商品包括服务）或者与他人存在特定联系：

（一）擅自使用与他人有一定影响的域名主体部分、网站名称、网页等相同或者近似的标识；

（二）擅自将他人有一定影响的商品名称、企业名称（包括简称、字号等）、社会组织名称（包括简称等）、姓名（包括笔名、艺名、译名等）作为域名主体部分等网络经营活动标识；

（三）擅自使用与他人有一定影响的应用软件、网店、客户端、小程序、公众号、游戏界面等的页面设计、名称、图标、形状等相同或者近似的标识；

（四）擅自使用他人有一定影响的网络代称、网络符号、网络简称等标识；

（五）生产销售足以引人误认为是他人商品或者与他人存在特定联系的商品；

（六）通过提供网络经营场所等便利条件，与其他经营者共同实施混淆行为；

（七）其他利用网络实施的足以引人误认为是他人商品或者与他人存在特定联系的混淆行为。

擅自将他人有一定影响的商业标识设置为搜索关键词，足以引人误认为是他人商品或者与他人存在特定联系的，属于前款规定的混淆行为。

第八条 经营者不得采取下列方式，对商品生产经营主体以及商品性能、功能、质量、来源、曾获荣誉、资格资质等作虚假或者引人误解的商业宣传，欺骗、误导消费者或者相关公众：

（一）通过网站、客户端、小程序、公众号等进行展示、演示、说明、解释、推介或者文字标注；

（二）通过直播、平台推荐、网络文案等方式，实施商业营销活动；

（三）通过热搜、热评、热转、榜单等方式，实施商业营销活动；

（四）其他虚假或者引人误解的商业宣传。

经营者不得帮助其他经营者实施前款虚假或者引人误解的商业宣传

行为。

第九条 经营者不得实施下列行为，对商品生产经营主体以及商品销售状况、交易信息、经营数据、用户评价等作虚假或者引人误解的商业宣传，欺骗、误导消费者或者相关公众：

（一）虚假交易、虚假排名；

（二）虚构交易额、成交量、预约量等与经营有关的数据信息；

（三）采用谎称现货、虚构预订、虚假抢购等方式进行营销；

（四）编造用户评价，或者采用误导性展示等方式隐匿差评、将好评前置、差评后置、不显著区分不同商品的评价等；

（五）以返现、红包、卡券等方式利诱用户作出指定好评、点赞、定向投票等互动行为；

（六）虚构收藏量、点击量、关注量、点赞量、阅读量、订阅量、转发量等流量数据；

（七）虚构投票量、收听量、观看量、播放量、票房、收视率等互动数据；

（八）虚构升学率、考试通过率、就业率等教育培训效果；

（九）采用伪造口碑、炮制话题、制造虚假舆论热点、虚构网络就业者收入等方式进行营销；

（十）其他虚假或者引人误解的商业宣传行为。

经营者不得通过组织虚假交易、组织虚假排名等方式，帮助其他经营者实施前款虚假或者引人误解的商业宣传行为。

第十条 经营者不得采用财物或者其他手段，贿赂平台工作人员、对交易有影响的单位或者个人，以谋取交易机会或者在流量、排名、跟帖服务等方面的竞争优势。

前款所称的财物，包括现金、物品、网络虚拟财产以及礼券、基金、股份、债务免除等其他财产权益。

第十一条 经营者不得利用网络编造、传播虚假信息或者误导性信息，实施下列损害或者可能损害竞争对手的商业信誉、商品声誉的行为：

（一）组织、指使他人对竞争对手的商品进行恶意评价；

（二）利用或者组织、指使他人通过网络散布虚假或者误导性信息；

（三）利用网络传播含有虚假或者误导性信息的风险提示、告客户书、警告函或者举报信等；

（四）其他编造、传播虚假或者误导性信息，损害竞争对手商业信誉、商品声誉的行为。

客户端、小程序、公众号运营者以及提供跟帖评论服务的组织或者个人，不得故意与经营者共同实施前款行为。

本条所称的商业信誉，是指经营者在商业活动中的信用和名誉，包括相关公众对该经营者的资信状况、商业道德、技术水平、经济实力等方面的评价。

本条所称的商品声誉，是指商品在质量、品牌等方面的美誉度和知名度。

第十二条 经营者不得利用互联网、大数据、算法等技术手段，通过影响用户选择或者其他方式，实施流量劫持、干扰、恶意不兼容等行为，妨碍、破坏其他经营者合法提供的网络产品或者服务正常运行。

前款所称的影响用户选择，包括违背用户意愿和选择权、增加操作复杂性、破坏使用连贯性等。

判定是否构成第一款规定的不正当竞争行为，应当充分考虑是否有利于技术创新和行业发展等因素。

第十三条 未经其他经营者同意，经营者不得利用技术手段，实施下列插入链接或者强制进行目标跳转等行为，妨碍、破坏其他经营者合法提供的网络产品或者服务正常运行：

（一）在其他经营者合法提供的网络产品或者服务中，插入跳转链接、嵌入自己或者他人的产品或者服务；

（二）利用关键词联想、设置虚假操作选项等方式，设置指向自身产品或者服务的链接，欺骗或者误导用户点击；

（三）其他插入链接或者强制进行目标跳转的行为。

第十四条 经营者不得利用技术手段，误导、欺骗、强迫用户修改、关闭、卸载其他经营者合法提供的设备、功能或者其他程序等网络产品或者服务。

第十五条 经营者不得利用技术手段，恶意对其他经营者合法提供的网络产品或者服务实施不兼容。

判定经营者是否恶意对其他经营者合法提供的网络产品或者服务实施不兼容，可以综合考虑以下因素：

（一）是否知道或者应当知道不兼容行为会妨碍、破坏其他经营者合法提供的网络产品或者服务正常运行；

（二）不兼容行为是否影响其他经营者合法提供的网络产品或者服务正常运行，是否影响网络生态开放共享；

（三）不兼容行为是否针对特定对象，是否违反公平、合理、无歧视原则；

（四）不兼容行为对消费者、使用该网络产品或者服务的第三方经营者合法权益以及社会公共利益的影响；

（五）不兼容行为是否符合行业惯例、从业规范、自律公约等；

（六）不兼容行为是否导致其他经营者合法提供的网络产品或者服务成本不合理增加；

（七）是否有正当理由。

第十六条 经营者不得利用技术手段，直接、组织或者通过第三方实施以下行为，妨碍、破坏其他经营者合法提供的网络产品或者服务正常运行：

（一）故意在短期内与其他经营者发生大规模、高频次交易，或者给予好评等，使其他经营者受到搜索降权、降低信用等级、商品下架、断开链接、停止服务等处置；

（二）恶意在短期内批量拍下商品不付款；

（三）恶意批量购买后退货或者拒绝收货等。

第十七条 经营者不得针对特定经营者，拦截、屏蔽其合法提供的信息内容以及页面，妨碍、破坏其他经营者合法提供的网络产品或者服务正常运行，扰乱市场公平竞争秩序。拦截、屏蔽非法信息，频繁弹出干扰用户正常使用的信息以及不提供关闭方式的漂浮视窗等除外。

第十八条 经营者不得利用技术手段，通过影响用户选择、限流、屏蔽、搜索降权、商品下架等方式，干扰其他经营者之间的正常交易，妨碍、破坏其他经营者合法提供的网络产品或者服务的正常运行，扰乱市场公平竞争秩序。

经营者不得利用技术手段，通过限制交易对象、销售区域或者时间、参与促销推广活动等，影响其他经营者的经营选择，妨碍、破坏交易相对方合法提供的网络产品或者服务的正常运行，扰乱市场公平交易秩序。

第十九条 经营者不得利用技术手段，非法获取、使用其他经营者合法持有的数据，妨碍、破坏其他经营者合法提供的网络产品或者服务的正常运行，扰乱市场公平竞争秩序。

第二十条 经营者不得利用技术手段，对条件相同的交易相对方不合理地提供不同的交易条件，侵害交易相对方的选择权、公平交易权等，妨碍、破坏其他经营者合法提供的网络产品或者服务正常运行，扰乱市场公平交易秩序。

以下情形不属于前款规定的不正当竞争行为：

（一）根据交易相对人实际需求且符合正当的交易习惯和行业惯例，实行不同交易条件；

（二）针对新用户在合理期限内开展的优惠活动；

（三）基于公平、合理、无歧视的规则实施的随机性交易。

第二十一条 经营者不得利用技术手段，通过下列方式，实施妨碍、破坏其他经营者合法提供的网络产品或者服务正常运行的行为：

（一）违背用户意愿下载、安装、运行应用程序；

（二）无正当理由，对其他经营者合法提供的网络产品或者服务实施拦截、拖延审查、下架，以及其他干扰下载、安装、运行、更新、传播等行为；

（三）对相关设备运行非必需的应用程序不提供卸载功能或者对应用程序卸载设置不合理障碍；

（四）无正当理由，对其他经营者合法提供的网络产品或者服务，实施搜索降权、限制服务内容、调整搜索结果的自然排序等行为；

（五）其他妨碍、破坏其他经营者合法提供的网络产品或者服务正常运行的行为。

第二十二条 经营者不得违反本规定，实施其他网络不正当竞争行为，扰乱市场竞争秩序，影响市场公平交易，损害其他经营者或者消费者合法权益。

第二十三条 具有竞争优势的平台经营者没有正当理由，不得利用技术手段，滥用后台交易数据、流量等信息优势以及管理规则，通过屏蔽第三方经营信息、不正当干扰商品展示顺序等方式，妨碍、破坏其他经营者合法提供的网络产品或者服务正常运行，扰乱市场公平竞争秩序。

第二十四条 平台经营者不得利用服务协议、交易规则等手段，对平台内经营者在平台内的交易、交易价格以及与其他经营者的交易等进行不合理限制或者附加不合理条件。主要包括以下情形：

（一）强制平台内经营者签订排他性协议；

（二）对商品的价格、销售对象、销售区域或者销售时间进行不合理的限制；

（三）不合理设定扣取保证金，削减补贴、优惠和流量资源等限制；

（四）利用服务协议、交易规则对平台内经营者的交易进行其他不合理限制或者附加不合理条件。

第二十五条 平台经营者应当在服务协议、交易规则中公平合理确定收费标准，不得违背商业道德、行业惯例，向平台内经营者收取不合理的服务费用。

第二十六条 判定构成妨碍、破坏其他经营者合法提供的网络产品或者服务正常运行，可以综合考虑下列因素：

（一）其他经营者合法提供的网络产品或者服务是否无法正常使用；

（二）其他经营者合法提供的网络产品或者服务是否无法正常下载、安装、更新或者卸载；

（三）其他经营者合法提供的网络产品或者服务成本是否不合理增加；

（四）其他经营者合法提供的网络产品或者服务的用户或者访问量是否不合理减少；

（五）用户合法利益是否遭受损失，或者用户体验和满意度是否下降；

（六）行为频次、持续时间；

（七）行为影响的地域范围、时间范围等；

（八）是否利用其他经营者的网络产品或者服务牟取不正当利益。

第三章 监督检查

第二十七条 对网络不正当竞争案件的管辖适用《市场监督管理行政处罚程序规定》。

网络不正当竞争行为举报较为集中，或者引发严重后果或者其他不良影响的，可以由实际经营地、违法结果发生地的设区的市级以上地方市场监督管理部门管辖。

第二十八条 市场监督管理部门应当加强对网络不正当竞争行为的监测，发现违法行为的，依法予以查处。

市场监督管理部门在查办网络不正当竞争案件过程中，被调查的经营者、利害关系人及其他有关单位、个人应当如实提供有关资料或者情况，不得伪造、销毁涉案数据以及相关资料，不得妨害市场监督管理部门依法履行职责，不得拒绝、阻碍调查。

第二十九条 市场监督管理部门基于案件办理的需要，可以委托第三方专业机构对与案件相关的电子证据进行取证、固定，对财务数据进行审计。

第三十条 对于新型、疑难案件，市场监督管理部门可以委派专家观察员参与协助调查。专家观察员可以依据自身专业知识、业务技能、实践经验等，对经营者的竞争行为是否有促进创新、提高效率、保护消费者合法权益等正当理由提出建议。

第三十一条 市场监督管理部门及其工作人员、第三方专业机构、专家观察员等对参与调查过程中知悉的商业秘密负有保密义务。

市场监督管理部门的工作人员滥用职权、玩忽职守、徇私舞弊或者泄露调查过程中知悉的商业秘密的，依法给予处分。

第四章 法律责任

第三十二条 平台经营者违反本规定第六条，未按规定保存信息，或者对平台内经营者侵害消费者合法权益行为未采取必要措施的，由市场监督管理部门依照电子商务法第八十条、第八十三条的规定处罚。

第三十三条 经营者违反本规定第七条的，由市场监督管理部门依照反不正当竞争法第十八条的规定处罚。

第三十四条 经营者违反本规定第八条、第九条的，由市场监督管理部门依照反不正当竞争法第二十条的规定处罚。

第三十五条 经营者违反本规定第十条的，由市场监督管理部门依照反不正当竞争法第十九条的规定处罚。

第三十六条 经营者违反本规定第十一条的，由市场监督管理部门依照反不正当竞争法第二十三条的规定处罚。

第三十七条 经营者违反本规定第十二条至第二十三条，妨害、破坏其他经营者合法提供的网络产品或者服务正常运行的，由市场监督管理部门依照反不正当竞争法第二十四条的规定处罚。

第三十八条 平台经营者违反本规定第二十四条、第二十五条的，由市场监督管理部门依照电子商务法第八十二条的规定处罚。

第三十九条 经营者违反本规定第二十八条的，由市场监督管理部门依照反不正当竞争法第二十八条的规定处罚。

第四十条 法律、行政法规对网络不正当竞争行为的查处另有规定的，依照其规定。

经营者利用网络排除、限制竞争，构成垄断行为的，依照《中华人民共和国反垄断法》处理。

第四十一条 经营者违反本规定，有违法所得的，依照《中华人民共和国行政处罚法》第二十八条的规定，除依法应当退赔的外，应当予以没收。

第四十二条 违反本规定涉嫌构成犯罪，依法需要追究刑事责任的，市场监督管理部门应当按照有关规定及时将案件移送公安机关处理。

第五章 附 则

第四十三条 本规定自2024年9月1日起施行。

解读《网络反不正当竞争暂行规定》

国家市场监督管理总局价格监督检查和反不正当竞争局

为预防和制止网络不正当竞争，维护公平竞争的市场秩序，鼓励创新，保护经营者和消费者的合法权益，促进数字经济规范健康持续发展，国家市场监督管理总局于2024年5月6日公布了《网络反不正当竞争暂行规定》（以下简称《规定》），《规定》自2024年9月1日起施行。现将有关情况解读如下。

一、《规定》出台的背景

党的二十大报告提出，“构建全国统一大市场，深化要素市场化改革，建设高标准市场体系。完善产权保护、市场准入、公平竞争、社会信用等市场经济基础制度，优化营商环境”。加快建设全国统一大市场是党中央、国务院从全局和战略高度作出的重大部署。公平竞争是加快建设全国统一大市场的关键要素和强大动力。反不正当竞争在维护公平竞争中具有基础性作用，关系市场经济的基础水平和质量。一方面，随着我国数字经济高速发展，信息技术创新迭代，仿冒混淆、虚假宣传、商业诋毁等传统不正当竞争行为利用互联网技术花样翻新，反向刷单、非法数据获取等新型网络不正当竞争行为隐蔽性更强，妨碍经济运行效率提升，制约商品和要素自由流动、公平竞争，制约全国统一大市场的形成。对此，亟待强化公平竞争治理，不断完善高效完备、透明可预期的常态化监管机制。另一方面，全球竞争格局加速调整，新一代经贸规则正在形成，制度竞争成为国际竞争重要内容。其他国家和地区对数字经济作出了一系列新的制度安排，反不正当竞争已经成为国际经贸规则重要关注点。对此，亟待加强前瞻性动态研究，促进我国竞争政策与国际规则接轨，改善贸易投资环境，持续深化竞争领域制度型开放。

市场监管总局坚持以习近平新时代中国特色社会主义思想为指导，深入贯彻党的二十大精神，在深入调研论证、充分征求意见、多次修改完善的基础上，制定发布《规定》。《规定》旨在通过健全和明确网络竞争行为“红绿灯”规则，为各类经营主体明晰指引、划清底线，保障市场竞争机制在法治轨道上高效有序运行，引导数字技术更好赋能，引领我国竞争力不断提升。

二、起草制定《规定》遵循的主要原则

一是坚持鼓励创新。保护企业创新成果，着力促进互联网行业发挥最大创新潜能。二是坚持规范竞争。保障不同规模经营主体之间的公平交易，促进各类企业协同发展，防止竞争失序，着力营造良好市场环境。三是坚持问题导向。从构筑国家竞争新优势的战略高度出发，针对亟待规范的矛盾焦点，着力完善网络不正当竞争行为认定标准及规制要求。四是坚持开放视野。服务高水平对外开放，增强制度供给的前瞻性、针对性、有效性，着力构建与高标准国际规则相衔接的公平竞争制度。

三、《规定》的主要内容

《规定》共五章43条，分为总则、网络不正当竞争行为、监督检查、法律责任和附则，主要内容如下。

（一）明确总体要求

《规定》以维护公平竞争的市场秩序、鼓励创新、保护经营者和消费者合法权益、促进数字经济规范健康持续发展为基本目标，创新监管模式，明确协同监管工作机制，统筹各方力量，着力提升综合治理效能。

（二）全面梳理列举网络不正当竞争行为

根据网络竞争行为复杂多变的特点，《规定》对网络不正当竞争行为进行分类提炼梳理，明确认定标准。一是明确了仿冒混淆、虚假宣传等传统不正当竞争行为在网络环境下的新表现形式，对刷单炒信、好评返现等热点问题进行规制，着力消除监管盲区。二是对反不正当竞争法规制的网络不正当竞争行为进行细化，列举了流量劫持、恶意干扰、恶意不兼容的表现形式及认定因素。三是对反向刷单、非法数据获取、歧视待遇等利用技术手段实施的新型不正当竞争行为进行规制。同时设置兜底条款，为可能出现的新问题新行为提供监管依据。

（三）强化平台责任

平台企业掌握海量数据，连接大量主体，既是网络不正当竞争监管的重点对象，也是协同监管的关键节点。《规定》突出强调了平台主体责任，督促平台企业对平台内竞争行为加强规范管理，同时对滥用数据算法获取竞争优势等问题进行规制。

（四）优化执法办案程序规定

针对网络不正当竞争行为辐射面广、跨平台、跨地域等特点，对监督检查程序作出特别规定，根据重大案件的连接点确定管辖权。创设专家观察员制度，为解决网络不正当竞争案件的难点问题提供智力支撑和技术支持。

（五）明确法律责任

发挥市场监管领域法律法规“组合拳”作用，在反不正当竞争法框架下，有效衔接电子商务法、反垄断法、行政处罚法等法律。同时，明确了没收违法所得的法律责任，强化监管效果。

四、针对网络领域新型不正当竞争行为的举措

《规定》细化了反不正当竞争法中网络不正当竞争行为的构成要件和认定因素，有利于更为全面地研判所涉行为的非正当性，避免不适当地干预市场自由竞争，导致技术发展和创新受阻。《规定》列举了反向刷单、恶意拦截或者屏蔽、非法数据获取、平台经营者对平台内经营者进行不合理限制或者附加不合理条件等网络不正当竞争行为，明确了法律适用条款。

五、《规定》的落实安排

《规定》是引导各类经营主体有序竞争、创新发展的重要制度保障，自2024年9月1日起施行。下一步，国家市场监督管理总局将坚持以习近平新时代中国特色社会主义思想为指导，深入贯彻党的二十大和党的二十届二中全会精神，加大宣传解读力度，努力营造良好舆论氛围，让社会各界、各类经营主体迅速理解和掌握《规定》的主要内容，引导各类主体增强依法合规经营意识，完善合规体系建设，及时调整经营行为。同时，市场监管总局将加大对地方市场监管部门执法工作的指导，及时制定执法指南，提升基层执法人员依法行政水平，不断提升监管的科学性、规范性、协调性、稳定性，做到公正监管、正确执行、服务发展。

（来源：国家市场监督管理总局网站）

国家知识产权局　司法部

关于深化协同保护加强知识产权法治保障的意见

2024年4月25日　　国知发保字〔2024〕12号

各省、自治区、直辖市和新疆生产建设兵团知识产权局、司法厅（局）：

为深入贯彻党中央、国务院关于全面加强知识产权保护工作的决策部署，加强知识产权法治保障，优化协作配合机制，强化协同保护力度，深化知识产权管理部门与司法行政机关在知识产权保护工作中的合作，共同推动构建知识产权"严保护、大保护、快保护、同保护"工作格局，现提出如下意见。

一、总体要求

以习近平新时代中国特色社会主义思想为指导，深入学习贯彻习近平法治思想，认真落实习近平总书记关于加强知识产权保护的系列重要指示精神，全面贯彻党的二十大精神，推进《知识产权强国建设纲要（2021—2035年）》《法治中国建设规划（2020—2025年）》《"十四五"国家知识产权保护和运用规划》实施，认真落实《关于强化知识产权保护的意见》《关于健全行政裁决制度加强行政裁决工作的意见》要求，发挥知识产权管理部门与司法行政机关优势，形成工作合力，协同推进知识产权全链条保护，着力建设面向社会主义现代化的知识产权制度，加强知识产权法治保障，营造良好营商环境和创新环境，为社会主义现代化强国建设提供有力支撑。

二、工作内容

（一）加强知识产权法律制度建设。统筹推进商标、专利等领域立法工作，积极推进商标法及其实施条例修改进程。加强地理标志等领域立法，健全专门保护与商标保护相互协调的统一地理标志保护制度。加强集成电路布图设计法规修订研究论证。推动研究构建数据知识产权保护规则。在知识产权执法领域全面贯彻新修订的行政处罚法，完善行政裁量权基准制度，深入落实没收违法所得、情节轻微不罚、首犯不罚、没有主观过错不罚、司法行政双向移送等新规定，共同推进商标、专利执法既严格保护知识产权，又确保公共利益和激励创新兼得。

（二）推进知识产权侵权纠纷行政裁决。联合印发实施加强新时代专利侵权纠纷行政裁决工作相关政策文件。研究推进专利侵权纠纷行政裁决法律制度建设，进一步健全行政裁决制度，突出行政裁决制度优势。落实行政裁决权利告知制度，优化行政裁决程序流程。完善行政裁决考核机制，将专利侵权纠纷行政裁决工作纳入地方法治政府相关考核和整体部署，加强对行政裁决工作的政策引导和业务指导。推动知识产权管理部门切实履行行政裁决职责。共同探索推进知识产权领域侵权纠纷行政裁决工作改革试点，推进行政裁决规范化建设，加大行政裁决执行力度，推动建立体系健全、渠道畅通、公正便捷、裁诉衔接的裁决机制，推动实施裁诉衔接工作。

（三）推动知识产权纠纷化解社会共治。充分发挥行政复议公正高效、便民为民的制度优势，提升知识产权领域行政复议案件的办理质效，妥善化解知识产权纠纷，切实维护社会公平正义和知识产权权利人合法权益。积极推动设立知识产权纠纷人民调解组织。联合印发实施加强知识产权仲裁工作的政策文件。鼓励、支持仲裁机构开展知识产权业务，推进知识产权仲裁专家库建设。推动知识产权纠纷调解与复议、诉讼、仲裁等工作衔接。加强对知识产权领域严重违法失信主体信息共享。推动开展知识产权领域法律服务和维权援助资源共享、有机衔接。规范发明创造和（重大）技术革新认定工作，认真落实监狱法及相关司法解释有关减刑假释、“立功表现”和“重大立功表现”等规定。

（四）发挥鉴定公证机构支撑作用。知识产权管理部门贯彻《关于加强知识产权鉴定工作的指导意见》，加强知识产权鉴定机构培育，健全知识产权鉴定标准体系。司法行政机关加强登记管理范围内涉及知识产权鉴定相关的鉴定机构专业化、规范化建设。研究规范知识产权鉴定准入和监督管理工作。建立对知识产权鉴定机构从业情况的反馈机制。强化知识产权鉴定行业诚信体系建设，开展知识产权鉴定项目和案卷质量评查，规范执业道德、严格行业惩戒。支持和引导公证机构为企业、科研院所和发明创造权利人的技术研发、技术改造等活动提供公证服务，对市场、电子商务、展会中侵犯专利权、商标专用权的商品办理保全证据公证。加强对权利人以协议、遗嘱、赠与等方式使用、传承知识产权的公证服务工作。探索对有给付内容的知识产权纠纷调解协议办理赋予债权文书强制执行效力公证。

（五）深化律师知识产权法律服务工作。加强知识产权专业律师队伍建设，引导更多律师特别是优秀年轻律师从事知识产权业务，支持发展知识产权领域专业律师事务所，研究开展知识产权专业律师职称评定工作。鼓励从事知识产权业务的律师取得专利代理师资格证，培养更多具有法律、理工等跨学科背景的复合型人才。研究知识产权专业学位教育与法律职业资格的有效衔接。加强各级律师协会知识产权专业委员会建设，积极开展知识产权业务培训和交流研讨活动，建立知识产权领域法律服务典型案例评选发布机制。加强知识产权领域公职律师队伍建设，提高依法行政水平。构建与现代产业体系相适应的律师法律服务体系，推动知识产权法律服务与先进制造业深度融合，促进提升产业链供应链的安全性、稳定性。支持国内律师事务所设立境外分支机构，加强涉外专利律师培养，积极参与知识产权海外预警和涉外知识产权维权援助工作，护航我国企业“走出去”。

（六）厚植知识产权文化理念。各级知识产权管理部门和司法行政机关要加大保护知识产权宣传力度，大力提升人民群众参与、促进、监督知识产权法治建设的积极性，营造尊重创新、保护知识产权的良好社会氛围。开展知识产权文化建设理论和学术研究，联合开展贴近时代、贴近百姓、贴近生活的知识产权文化惠民活动，增强全社会尊重和保护知识产权的意识。鼓励各地开展知识产权专家学者进机关、进校园等培训活动。把知识产权主题宣传活动开展情况纳入普法检查验收的重要内容，作为评选表彰普法先进的重要指标。找准宣传亮点，扩大宣传途径，创新宣传方式，充分利用世界知识产权日、全国知识产权宣传周等重要时机，采用召开新闻发布会、发布白皮书和典型案例、举办知识产权公益讲座等方式，积极宣传知识产权保护成效，充分展示我国保护知识产权的决心和成效。

（七）深化知识产权国际交流合作。密切配合，共同跟踪研究知识产权保护领域国际发展趋势和问题，推动完善知识产权保护相关国际规则和标准制定。在知识产权保护相关国际谈判中加强沟通，切实维护我国利益。在国际条约的签署、批准或加入的法律审核中，加强沟通，推进相关国内报批程序。深入研究知识产权领域相关重要国际条约，开展与国内制度的比较研究，进行加入可行性分析论证，推进遗传资源及其相关传统知识国际法律文书磋商签署工作，为尽快形成国际保护规则贡献中国智慧。积极分享中国知识产权保护优秀经验和案例，讲好中国知识产权故事，展示文明大国，负责任大国形象。共同加强涉外知识产权保护合作，营造国际一流营商环境，助力我国企业“走出去”。

三、组织保障

（八）建立会商机制。国家知识产权局和司法部建立知识产权保护协调会商机制，适时组织召开会议，根据工作需要邀请知识产权司法和行政相关部门参加，相互通报知识产权保护工作情况，并就突出问题或者知识产权保护中存在的普遍性、趋势性问题加强研究，会商提出对策，对于达成一致的事项及意见，以会议纪要、会签文件、共同出台指导意见等形式予以明确，并由责任方负责落实。省级以下知识产权管理部门、司法行政机关在日常工作中要积极拓宽交流沟通的渠道和方式，逐步建立常态化、多样化的会商沟通机制，共同研究落实相关工作。

（九）加强信息共享。各级知识产权管理部门、司法行政机关要推进商标、专利、地理标志、集成电路布图设计行政执法、调解等环节的信息沟通和共享。加快推进国家知识产权保护信息平台建设，提升知识产权行政复议工作在线管理水平，及时报送知识产权行政复议案件信息。建立信息定期交换机制，加强保护工作成效评估监测，及时总结推广典型经验做法。强化知识产权公共服务保障，进一步提升知识产权公共服务效能。

（十）加强交流培训。进一步完善人才交流机制，各级知识产权管理部门和司法行政机关可根据工作需要互派综合素质高、专业能力强的干部交流学习，促进双方业务深度合作。国家知识产权局和司法部定期对知识产权管理部门、司法行政机关中知识产权保护工作作出突出贡献的集体和个人表扬鼓励。司法部加大对知识产权人民调解委员会、知识产权人民调解员的表彰力度。

地方司法业务文件与解读

河北省高级人民法院

关于印发《破产案件审理规程》的通知

2024 年 3 月 18 日　　　　　　　　　　　冀高法〔2024〕16 号

各市、雄安新区中级人民法院，定州、辛集市人民法院，石家庄铁路运输法院：

为推动我省法院破产案件审判工作，规范办案程序，统一裁判标准，充分发挥破产制度调节市场经济秩序的职能和作用，进一步优化法治化营商环境，省法院对 2019 年印发的《破产案件审理规程（试行）》进行了修改完善，经省法院审判委员会讨论通过，现印发你们，请认真抓好贯彻落实。

破产案件审理规程

为规范审理破产案件，提高案件审判质效，根据《中华人民共和国民法典》、《中华人民共和国企业破产法》（以下简称企业破产法）、《中华人民共和国民事诉讼法》等法律及相关司法解释，结合我省破产案件审判实践，制定本规程。

一、关于管辖与府院联动

1. 企业破产案件由债务人住所地人民法院管辖。债务人住所地是指企业主要办事机构所在地。企业主要办事机构无法确定或无办事机构的，主要财产所在地为住所地。

经审查发现债务人的主要办事机构不在注册地人民法院辖区，且由主要办事机构所在地人民法院管辖更有利于财产处置、节约成本的，可由债务人主要办事机构所在地人民法院审理。

2. 基层人民法院管辖县、县级市或者区的市场监督管理部门注册登记企业的破产案件。

中级人民法院一般管辖地区、地级市（含本级）以上市场监督管理部门注册登记企业的破产案件。

执行案件移送破产审查，由被执行人住所地中级人民法院管辖。中级人民法院经河北省高级人民法院批准，可以将案件交由具备审理条件的基层人民法院审理。

上市公司、金融机构破产案件以及纳入国家计划调整的企业破产案件，由中级人民法院管辖。

3. 关联企业符合实质合并审理条件的，应由关联企业中的核心控制企业住所地人民法院管辖。核心控制企业不明确的，由关联企业主要财产所在地人民法院管辖。多个法院之间对管辖权发生争议的，应当报请共同的上级人民法院指定管辖。

关联企业不符合实质合并审理条件的，可由共同的上级法院根据案件实际情况确定一家法院集中管辖。

4. 中级人民法院有权审理下级人民法院管辖的破产案件。中级人民法院对其管辖的企业规模较小、债权债务关系简单或认为确有必要的破产案件，报请河北省高级人民法院批准后，可交由基层人民法院审理。

下级人民法院对所管辖的破产案件，认为需要由上级人民法院审理的，可以报请上级人民法院审理。

5. 被申请破产的企业应当具有企业法人资格，股东出资是否到位不影响企业法人的破产能力。

依法设立的合伙企业、民办学校、民办医院、农民专业合作社、个人独资企业适用企业破产法第一百三十五条的规定。

6. 人民法院审理破产案件应执行重大事项报告制度。

上级人民法院发现下级人民法院在破产程序中作出的裁定确有错误的，应当通知其纠正；不予纠正的，可以裁定指令下级人民法院重新作出裁定。

7. 各级法院应当积极与本级政府建立常态化的破产工作统一协调机制，统筹破产审判相关工作，妥善解决企业破产案件中出现的各种问题。

企业破产案件审理过程中涉及的下列事项，应当列入破产工作统一协调机制解决的范围：

（1）在当地具有重大影响力的企业有关破产立案、资产处置、招募投资人等事项；

（2）破产审判中涉及人数较多的债权人会议等涉众事项；

（3）破产审判中涉及的信访维稳事项；

（4）破产审判中涉及的专业合作社、投资公司等民间集资事项；

（5）房地产破产审判中涉及的消费购房者等民生权事项；

（6）破产审判中涉及的刑民交叉事项；

（7）破产审判中其他需要解决的事项。

二、关于申请与受理

8. 债务人有企业破产法第二条规定的情形，可以向人民法院提出重整、和解或者破产清算申请。

债务人不能清偿到期债务，债权人可以向人民法院提出对债务人进行重整或者破产清算的申请。

人民法院受理破产清算申请后、宣告债务人破产前，债权人、债务人或者出资额占债务人注册资本十分之一以上的出资人，可以向人民法院申请重整。

企业法人已解散但未清算或者未清算完毕，资产不足以清偿债务的，清算义务人应当向人民法院申请破产清算。

商业银行、证券公司、保险公司等金融机构有企业破产法第二条规定情形的，国务院金融监督管理机构可以向人民法院提出对该金融机构进行重整或者破产清算的申请。

9. 关联企业申请破产时，原则上应当分别提出破产申请。

债务人与关联企业之间法人人格高度混同，区分各关联企业成员财产的成本过高、严重损害债权人公平清偿利益时，可例外适用关联企业实质合并破产方式进行审理。关联企业成员、关联企业成员的债权人、关联企业成员的清算义务人、出资额占注册资本十分之一以上的出资人，均可向管理人或人民法院提出对关联企业进行实质合并破产的申请。

10. 申请人向人民法院提出破产申请，应当提交破产申请书，破产申请书应当载明下列事项：

（1）申请人、被申请人的基本情况，包括：名称或姓名、住所地、法定代表人姓名及职务。申请人为债务人时，只需列出申请人的基本情况；

（2）申请目的，即申请重整、和解或破产清算；

（3）申请的事实和理由，主要指债务人存在企业破产法第二条规定的情形；

（4）应当载明的其他事项，主要指特殊主体申请破产时主管机关的批准文件等特别事项。

11. 债务人申请破产，除应当提交破产申请书以外，还应当向人民法院提交下列材料：

（1）债务人主体资格证明；

（2）法定代表人或者主要负责人名单；

（3）董事、监事及高级管理人员名单；

（4）财产状况说明，包括有形资产、无形资产、对外投资情况等；

（5）债务清册，列明债权人名称、联系方式、住所、债务数额、债务形成时间和催讨偿还情况；

（6）债权清册，列明债务人的债务人名称、住所、债权数额和债权形成时间；

（7）有关财务会计资料；

（8）债务人涉及的担保情况；

（9）债务人涉及的诉讼、仲裁、执行情况；

（10）职工安置预案，预案应列明拟安置职工基本情况、安置障碍及主要解决方案、稳定因素评估及主要应对措施等；

（11）职工工资的支付和社会保险费用、住房公积金的缴纳情况；

（12）债务人股东会、股东大会、开办人或者其他依法履行出资义务的人同意申请破产的决议文件，但有证据证明债务人股东会、股东大会、开办人或其他依法履行出资义务的人无法履行职责的除外；债务人系国有独资企业、国有独资公司或者国有资本控股公司的，应当提交对债务人履行出资人职责的机构同意申请破产的文件；

（13）债务人申请重整的，应提交重整的必要性和可行性材料；

（14）债务人申请和解的，应提交和解协议草案。

12. 债权人申请债务人破产，除应当提交破产申请书以外，还应当向人民法院提交下列材料：

（1）债权人的主体资格证明；

（2）债权发生的事实及债权性质、数额、有无担保，并附证据；

（3）债务人不能清偿到期债务的证据；

（4）申请债务人重整的，应提交重整的必要性和可行性材料。

13. 清算义务人申请债务人破产清算，除应当提交破产申请书以外，还应当向人民法院提交下列材料：

（1）清算义务人的基本情况或者清算组成立的文件；

（2）债务人未经清算的，债务人资产不足以清偿债务的财务报告；

（3）债务人经过清算的，债务人资产不足以清偿债务的清算报告；

（4）债务清册，列明债权人名称、住所、债务数额、债务形成时间和催讨偿还情况；

（5）债权清册，列明债务人的债务人名称、住所、债权数额和债权形成时间；

（6）债务人涉及的担保情况；

（7）债务人涉及的诉讼、仲裁、执行情况；

（8）债务人为国家出资企业的，职工安置预案应列明拟安置职工基本情况、安置障碍及主要解决方案、稳定因素评估及主要应对措施等；债务人为非国家出资企业的，职工安置预案应列明债务人解除职工劳动关系后依法应对职工的补偿方案；

（9）职工工资的支付和社会保险费用、住房公积金的缴纳情况。

14. 立案庭登记“破申”案号后应在一个工作日内将申请材料移送破产审判庭审查，由破产审判庭审查后作出是否受理破产申请的裁定。

15. 破产审判庭收到申请材料后，经审查认为必要时，可以组织利害关系人进行听证。关联企业实质合并审理案件，应当组织听证。组织听证的时间不计入受理审查期间。

与破产申请存在利害关系的人员可以申请参加听证。

16. 在申请人提交申请材料后，人民法院受理破产申请前，债务人财产、印章、账簿、文书等存在被隐匿、转移、销毁等紧急情形的，申请人可以向人民法院申请采取保全措施，但应根据民事诉讼法相关规定提供相应担保。

经破产审判庭审查，认为符合条件的应在四十八小时内采取保全措施。

17. 人民法院办理破产案件，对于法律文书、管理人招募公告、投资人招募公告、资产拍卖公告等公告信息，应当在全国企业破产重整案件信息网上公告。

三、关于指定管理人

18. 人民法院裁定受理破产申请的，应当同时指定管理人。管理人一般应由列入《河北法院破产案件管理人名册》的社会中介机构担任。

人民法院应当根据案件类型及复杂程度，结合管理人的专业水平、工作经验、执业操守、工作绩效、勤勉程序等因素，选择与案件类别相匹配的社会中介机构担任管理人。

19. 人民法院指定清算组为管理人的，应当具备《最高人民法院关于审理企业破产案件指定管理人的规定》第十八条规定的情形。清算组中的中介机构或人员所在中介机构应在河北省高级人民法院编制的管理人名册内。

20. 人民法院指定管理人可以根据案情采取竞争方式或者摇号、抽签、轮候等随机方式。对于重大、复杂的案件，应优先采取竞争与随机相结合的方式指定管理人。

采取摇号、抽签、轮候等方式确定管理人的，由司法技术辅助部门按破产审判庭要求的时间和条件办理。

债权人、债务人推荐管理人的，人民法院可以作为指定管理人的参考因素。

21. 人民法院采取竞争方式指定管理人的，应当在全国企业破产重整案件信息网发布招募管理人公告，管理人报名期限自发布公告之日起计算，最短不得少于五个工作日。

22. 在全省范围内有重大影响、法律关系复杂的破产案件，应采取竞争方式选任管理人。根据案件需要，人民法院可采取公告的方式邀请编入外省市人民法院管理人名册的社会中介机构参与竞争。

采取竞争方式选任管理人的，参与竞争的社会中介机构不得少于3家。应由破产审判庭分管院领导召集审判部门、司法技术部门、督察部门等人员组成评审委员会，负责管理人的选任工作。必要时可邀请政府相关部门参加。

采取竞争方式指定管理人的，应当同时确定1—2家备选管理人。

23. 人民法院决定采取竞争方式指定联合管理人的，参与竞选的机构可以组成联合体进行申报。鼓励不同类型的中介机构依据各自特长优势互补，做到分工合理。

24. 管理人接受人民法院指定后，应当依照企业破产法的规定勤勉尽责、忠实执行职务，不得将自己职责全部或部分转让给他人。

四、关于债务人财产

25. 破产申请受理后，管理人依法追回的下列财产归入债务人财产：

（1）依据企业破产法第三十一条、第三十二条或者第三十三条的规定而取得的财产；

（2）人民法院受理破产申请后，债务人的出资人尚未完全履行的出资；

（3）债务人的董事、监事和高级管理人员利用职权从企业获取的非正常收入和侵占的企业财产；

（4）他人基于仓储、保管、承揽、代销、借用、寄存、租赁、质押、留置等合同或者其他法律关系占有、使用的债务人财产；

（5）管理人依法追回的其他财产。

26. 融资租赁物不属于债务人财产，为保证债务人财产的完整性和最大限度发挥财产的价值，管理人可以根据最有利于债务人财产的原则，经出租人同意后，将租赁物与债务人财产一并处理。

租赁物的变现价值超过剩余租金的，管理人可以选择继续履行合同，支付租金后的剩余部分价值列入债务人财产；租赁物的变现价值低于剩余租金的，出租人就该部分财产价值受偿后不足部分申报债权。

27. 破产申请受理后，破产审判庭报本院院长批准后可以裁定解除本院其他部门对债务人财产采取的保全措施。

其他法院或部门采取保全措施的，管理人应及时向其发出书面通知、函件和受理破产申请的裁定，要求其解除，采取保全措施的其他法院或部门应当在收到通知、函件后依法及时办理。

其他法院不解除保全措施的，受理破产申请的人民法院可以请求采取保全措施法院的上级人民法院依法予以纠正。其他部门不解除保全措施的，受理破产申请的人民法院应当积极进行协调和沟通，并可请求其主管部门或上级机关协调解决。

28. 管理人发现债务人存在企业破产法第三十一条或第三十二条规定的行为之一的，应当以管理人为原告，以行为相对人为被告，向受理破产案件的人民法院提起破产撤销权和请求撤销个别清偿行为诉讼。

管理人决定不提起破产撤销诉讼的，应当向债权人会议或债权人委员会报告并说明理由。

29. 破产申请受理后，对于管理人接管的不属于债务人的财产，该财产的权利人可依据企业破产法第三十八条、第三十九条的规定向管理人申请取回该财产。管理人同意取回的，应当通知申请人取回。管理人不同意取回的，应当告知申请人可以债务人为被告向人民法院提起诉讼。

管理人同意取回的，应当向债权人会议或债权人委员会报告并说明理由。

接管过程中，财产权利人向管理人主张取回、管理人不予认可，权利人提起诉讼的，诉讼期间不停止管理人的接管。

30. 管理人发现债权人存在企业破产法第四十条规定抵销情形的，管理人不得主动提出抵销，但抵销使债务人财产受益的除外。

债权人行使抵销权，应当向管理人提出抵销主张。管理人收到债权人提出的主张债务抵销的通知后，经审查符合抵销条件的，应当及时通知债权人，抵销自管理人收到通知之日起生效；经审查不符合抵销条件的，管理人如无正当理由应当在约定的异议期限内或自收到主张债务抵销的通知之日起三个月内向人民法院提起诉讼。

管理人同意抵销的，应当向债权人会议或债权人委员会报告并说明理由。

31. 管理人应当制订对外债权追回方案，对外债权无法追回或追回成本过高时，经债权人会议同意后，管理人可以放弃对外债权的追回。

五、关于破产费用和共益债务

32. 破产案件的诉讼费用包括：

（1）破产案件受理费；

（2）鉴定费、勘验费、财产保全费、证据保全费等费用；

（3）有关债务人的诉讼、仲裁中应由债务人承担的诉讼费用、仲裁费用。

33. 破产案件中管理、变价和分配债务人财产的费用包括：

（1）聘用工作人员的费用；

（2）财产管理、维护费用；

（3）召开债权人会议所必须支付的费用；

（4）债权人委员会及其成员履行职责所必须支付的费用；

（5）审计、评估、拍卖的费用；

（6）档案管理费用；

（7）其他管理、变价和分配债务人财产所必须支付的费用。

34. 人民法院应当在第一次债权人会议前确定管理人报酬方案，并应当自收到管理人收取报酬的书面申请之日起十日内确定支付管理人的报酬数额。管理人报酬应由债务人财产随时清偿。

人民法院调整管理人报酬方案时，应在管理人报酬标准百分之三十的浮动范围内确定。

35. 管理人经人民法院许可，聘请本专业的其他社会中介机构或人员协助履行职责的，所需费用从管理人报酬中支付；聘用企业经营管理人员或聘请非本专业的其他社会中介机构或人员处理重大诉讼、仲裁、执行、审计等专业性较强的工作，上述费用可以列入破产费用。

管理人聘用人员工资标准参照当年受理法院所在地该行业平均工资标准执行，特殊情况需要调整工资标准的应当报请人民法院批准。

36. 人民法院裁定受理破产申请的，此前债务人尚未支付的公司强制清算费用的、未终结的执行程序中产生的评估费、公告费、保管费等执行费用，可以参照企业破产法关于破产费用的规定，由债务人财产随时清偿。

此前债务人尚未支付的案件受理费、执行申请费，可以作为破产债权清偿。

37. 对特定财产享有担保权的权利人，对该特定财产行使优先受偿权时，应当承担对该财产进行管理、变价和分配等的破产费用及共益债务。

38. 破产申请受理后，经债权人会议决议通过，或者第一次债权人会议召开前经人民法院许可，管理人或者自行管理的债务人可以为债务人继续营业而借款。所借款项可参照企业破产法第四十二条第四项的规定优先于普通破产债权清偿。

39. 债务人财产不足以支付破产费用的，管理人应当及时提请人民法院宣告债务人破产并终结破产程序。

债权人、管理人、债务人的出资人或其他利害关系人垫付破产费用的，破产程序可以继续进行。

40. 人民法院应当会同财政部门建立企业破产费用保障基金，确保破产审判工作的顺利进行。

债务人财产不足以支付破产费用的，人民法院可以决定从破产费用保障基金中列支。

六、关于债权申报

41. 人民法院受理破产申请后，应当根据债权人的数量等案件实际情况，合理确定债权申报期限。

42. 人民法院应当自裁定受理破产申请之日起二十五日内通知已知债权人，并予以公告，公告视为对未知债权人的通知。

已知债权人是指根据已接管的债务人资料及破产申请材料，能够查明有效联系方式的债权人。

管理人应当协助人民法院完成前款规定的事项。

43. 债权人应当采用书面形式申报债权。

债权人可以采取现场申报，也可以以邮寄、传真、电子邮件等方式或通过全国企业破产重整案件信息网申报，但应当将原件提交管理人审核，未提交原件的，管理人应将其债权暂列为临时债权。

44. 管理人应当依据现行的法律法规、司法解释对申报的债权真实性、合法性、有效性进行实质审查。

审查内容包括债权的性质、数额、担保财产、是否超过诉讼时效期间、是否超过强制执行期间等情况。

45. 管理人在审查债权过程中，遇到重大疑难问题的，可以组织债权人、债务人对债权情况进行说明，也可以委托专业机构对债权涉及的特定事项发表意见。

七、关于债权人会议

46. 依法申报债权的债权人为债权人会议的成员，有权参加债权人会议，享有表决权。债权人会议按照下列方式统计表决人数及所代表的债权数额：

（1）对债务人的特定财产享有担保权的债权人，未放弃优先受偿权利的，对和解协议和破产财产的分配方案不享有表决权；

（2）出席会议的有财产担保债权人数列入表决的债权人人数，其所代表的有财产担保债权数额不列入有表决权的债权数额；

（3）兼有有财产担保债权和无财产担保债权双重身份的债权人，人数仅按一人计算，其所代表的债权数额只计算无财产担保的债权数额；

（4）对债权尚未确定的债权人按人民法院临时确定的债权数额行使表决权。

47. 债权人会议的决议除现场表决外，可以由管理人事先将相关决议事项告知债权人，采取通信、网络投票等非现场方式进行表决。采取非现场方式进行表决的，管理人应当在表决结果确定后的三日内，以信函、电子邮件、公告等方式告知参与表决的债权人。

48. 债权人会议设主席一人，债权人会议主席从债权数额较大且无异议，或有能力履行职责，并愿意担任的债权人中指定。

债权人会议主席为机构的，应指派固定的代表人员履行职责，并向人民法院提交指派函，如更换代表人员应向人民法院备案。

管理人或三分之一以上具有表决权的债权人，可以向人民法院申请更换债权人会议主席。

债权人会议主席存在无法胜任工作、有损债权人利益、不利于破产程序进行情形之一的，人民法院应当更换债权人会议主席。

49. 债权人会议的决议，对全体债权人均有约束力，包括出席债权人会议但投反对或弃权票的债权人、未出席债权人会议的债权人和债权人会议决议作出后补充申报的债权人。

50. 债权人认为债权人会议的决议违反法律规定、损害其利益，依据企业破产法第六十四条第二款的规定，请求人民法院裁定撤销债权人会议决议的，应按下列规定行使撤销权：

（1）债权人会议采取现场召开方式表决的，可以自债权人会议作出决议之日起十五日内向人民法院提出书面申请；

（2）债权人会议采取非现场召开方式表决的，债权人可以自收到管理人通知的债权人会议决议或管理人公告之日起十五日内向人民法院提出书面申请。

51. 债权人会议的决议具有以下情形之一，损害债权人利益，债权人申请撤销的，人民法院应予支持：

（1）债权人会议的召开违反法定程序；

（2）债权人会议的表决违反法定程序；

（3）债权人会议的决议内容违法；

（4）债权人会议的决议超出债权人会议的职权范围。

人民法院经审查认为债权人的请求成立的，应裁定撤销全部或部分会议决议，责令其重新作出决议；请求不成立的，裁定驳回申请。

债权人请求撤销债权人会议决议，但会议召开或者表决程序仅有轻微瑕疵，且对决议未产生实质影响的，人民法院不予支持。

52. 人民法院裁定撤销债权人会议决议，责令其重新作出决议的，应当送达申请人、债权人会议主席，并通知管理人。管理人应当在三十日内召开债权人会议并重新作出决议。

53. 管理人处分企业破产法第六十九条规定的债务人重大财产的，应当事先制作财产管理或者变价方案并提交债权人会议进行表决，债权人会议表决未通过的，管理人不得处分。

管理人实施处分前，应当根据企业破产法第六十九条的规定，提前十日书面报告债权人委员会或者人民法院。债权人委员会可以依照企业破产法第六十八条第二款的规定，要求管理人对处分行为作出相应说明或者提供有关文件依据。

债权人委员会认为管理人实施的处分行为不符合债权人会议通过的财产管理或变价方案的，有权要求管理人纠正。管理人拒绝纠正的，债权人委员会可以请求人民法院作出决定。

人民法院认为管理人实施的处分行为不符合债权人会议通过的财产管理或变价方案的，应当责令管理人停止处分行为。管理人应当予以纠正，或者提交债权人会议重新表决通过后实施。

未设立债权人委员会的，管理人实施处分前应向人民法院报告，人民法院应当自收到管理人报告之日起十日内作出是否准许的决定。

八、关于预重整

54. 本规程中所称“预重整”，是指申请人向人民法院提出预重整申请，或者申请人提出重整申请后，在人民法院受理重整申请前，对于具有重整原因且具有重整价值和可能性的债务人，指定临时管理人组织债务人、债权人、意向投资人等利害关系人进行协商，拟定预重整方案的程序。

预重整应当遵循市场规律，坚持依法、自治、高效、司法适度介入的原则。

55. 债务人具有重整原因及挽救价值且符合下列情形之一，可以适用预重整程序：

（1）企业治理结构完备、运作正常，具有自主谈判能力的；

（2）债权人人数较多，债权债务关系复杂，或者职工安置数量较大，可能影响社会稳定的；

（3）产业规模较大，对地区经济发展和金融秩序稳定有重大影响的；

（4）符合国家产业政策，行业前景较好的当地核心企业或被当地政府列为重点企业的；

（5）直接受理重整申请可能对债务人生产经营产生负面影响或者引发重大社会不稳定因素的；

（6）人民法院认为其他可以适用预重整程序的企业。

56. 债务人或者债权人可以直接向人民法院提出预重整申请，也可以在提出重整申请时一并提出预重整申请，也可以在破产重整申请审查期间提出。

破产申请审查阶段，人民法院认为有必要的，可以引导申请人申请预重整。

57. 申请人提出预重整申请的，人民法院可以组织申请人、被申请人、主要债权人、出资人等利害关系人参加听证，对是否适用预重整程序进行审查。必要时，可以邀请企业属地政府及相关部门参与。

58. 人民法院经审查认为符合预重整条件的，应当制作受理预重整通知书，五日内送达申请人和被申请人。

59. 自人民法院作出受理预重整通知书之日起，至临时管理人提交预重整工作报告之日或人民法院决定终结预重整程序之日止，为预重整期间。

预重整期间为三个月。有正当理由的，可以申请延长三个月。预重整期间不计入破产重整申请审查期限。

60. 决定预重整的，人民法院应当指定临时管理人，并制作决定书，五日内送达申请人、被申请人和临时管理人。

债务人、主要债权人、金融机构债权人委员会、属地政府或主管部门可以向人民法院书面推荐临时管理人。

61. 临时管理人履行下列职责：

（1）全面调查债务人的基本情况、资产负债情况、涉诉涉执情况；

（2）查明债务人是否具有重整价值和重整可能；

（3）明确重整工作整体方向，推动债务人与其出资人、债权人、意向投资人等利害关系人进行协商，引导各方就重组方案达成共识并制订重组方案；

（4）根据需要指导和协助债务人引进意向投资人；

（5）根据相关方委托或人民法院要求，监督债务人的财产管理和营业事务；

（6）敦促和监督债务人履行本规程第63条规定的义务；

（7）制作预重整工作报告；

（8）人民法院认为临时管理人应当履行的其他职责。

62. 预重整期间，临时管理人可以参照企业破产法的规定，组织成立临时债权人委员会。

63. 预重整期间，债务人应当履行下列义务：

（1）妥善保管财产、印章和账簿、文书等资料；

（2）配合临时管理人调查，及时向临时管理人报告对财产可能产生重大影响的行为和事项，接受临时管理人的监督；

（3）继续生产经营的，勤勉经营管理，妥善维护资产价值、决定经营事务和内部管理事务，及时向临时管理人、债权人、人民法院报告经营中的重大事项；

（4）不得个别清偿债务，但维系基本生产必要的开支、清偿行为使债务人财产受益或经强制执行程序清偿的除外；

（5）未经允许，不得对外提供担保；

（6）如实披露可能影响利害关系人就重组方案作出决策的信息，就重组方案回答询问；

（7）积极与出资人、债权人、意向投资人协商，制作预重组方案；

（8）人民法院认为债务人应当履行的其他义务。

64. 预重整期间，债务人、临时管理人应当将与预重整有关的信息及时、全面、准确、合法地向债权人、出资人、意向投资人等利害关系人予以披露。

65. 预重整期间的债权登记视为重整期间的债权申报。预重整期间，债权经临时债权人会议核查无异议的，可作为重整期间无异议债权。预重整期间待确认债权、不予确认债权在重整期间按照企业破产法的规定处理。

66. 重整期间可以参照使用预重整期间的审计、评估结果，但债权人会议作出重新审计、评估决议的除外。

67. 预重整期间，债务人、临时管理人应当在信息充分披露的前提下，按照企业破产法的规定进行分组，采用合理灵活的方式，组织债权人对预重整方案进行表决。

预重整方案与重整程序中制作的重整计划草案内容一致的，有关出资人、债权人等利害关系人对预重整方案的同意视为对重整计划草案表决的同意，但是，重整计划草案的内容相对于预重整方案发生实质改变的除外。

重整计划草案对预重整方案进行了修改且对相关债权人利益有不利影响的，受到不利影响的债权人有权重新表决；对出资人权益调整事项进行了修改且对出资人利益有不利影响的，受到影响的出资人有权重新表决。

68. 预重整工作完成后或预重整期间届满时，临时管理人应当向人民法院提交预重整工作报告。

预重整工作报告应当包括下列内容：

（1）债务人的基本情况、资产及负债状况；

（2）债务人出现经营或财务困境的原因；

（3）债务人的生产经营状况；

（4）债务人重整价值和重整可行性的分析意见；

（5）预重整方案的相关内容和协商情况，或未形成预重整方案的原因；

（6）进行重整的潜在风险及相关建议；

（7）其他与债务人重整有关的内容。

69. 申请人申请预重整的，临时管理人经调查发现存在下列情形之一的，应及时向人民法院提交终结预重整的申请并载明事实和理由，经审查后，人民法院应当终结预重整程序，或者作出不予受理重整申请的裁定：

（1）债务人不具有重整原因，或明显缺乏重整价值及挽救可能的；

（2）债务人具有企业破产法第三十一条、第三十二条、第三十三条规定的情形，或者可能严重损害债权人利益的其他情形，影响预重整顺利进行的；

（3）债务人拒不履行本规程第 63 条规定的义务，导致预重整目的无法实现的；

（4）无法支付预重整必要费用且无人垫付的。

70. 债务人通过庭外重组达成预重整方案，向人民法院申请破产重整，并确定以预重整方案为依据制订重整计划草案的，应当提交下列材料：

（1）预重整方案；

（2）预重整工作报告；

（3）支撑预重整工作成果的有关证明材料；

（4）人民法院认为应当提交的其他材料。

71. 重整申请受理后，人民法院可以指定临时管理人为重整案件管理人，但临时管理人存在《最高人民法院关于审理企业破产案件指定管理人的规定》第三十三条、第三十四条规定情形的，人民法院应当重新指定管理人。

72. 预重整期间，临时管理人执行职务的必要费用，以及聘用中介机构的费用，由预重整参与人协商负担；协商不成的，由债务人随时支付。

73. 人民法院裁定不予受理重整申请、裁定受理重整申请后另行指定重整案件管理人或申请人撤回预重整申请的，临时管理人的报酬应根据其工作进度、完成效果等因素，先行由临时管理人与债务人及相关预重整参与人协商，初步商定后报人民法院审查决定；协商不成的由人民法院决定。

临时管理人被指定为重整案件管理人的，管理人报酬由人民法院依据《最高人民法院关于审理企业破产案件确定管理人报酬的规定》，并综合考虑其在预重整期间的履职情况、实际效果及报酬收取等因素予以确定。

九、关于重整

74. 人民法院对重整申请进行实质审查时，应从破产原因、重整价值、挽救可能等方面进行审查：

（1）审查债务人是否具备重整原因，重点审查债务人是否具有企业破产法第二条规定的情形；

（2）债务人的资产状况及使用价值、生产的产品市场竞争力、技术工艺先进程度、行业前景情况综合分析进行审查是否具备重整价值；

（3）审查是否存在重整可能、债务人的意愿和配合程度、债权人的支持情况、潜在的意向投资人情况及当地政府及行业主管部门的意见。

75. 人民法院审查重整申请时，可以委托专业机构对特定事项发表意见。

76. 在重整期间，债务人同时符合下列条件的，经申请，人民法院可以批准债务人在管理人的监督下自行管理财产和营业事务：

（1）债务人的内部治理机制仍正常运转；

（2）债务人自行管理有利于债务人继续经营；

（3）债务人不存在隐匿、转移财产的行为；

（4）债务人不存在其他严重损害债权人利益的行为；

（5）人民法院认为有必要的其他条件。

债务人提出重整申请时可以一并提出自行管理的申请。经人民法院批准由债务人自行管理财产和营业事务的，企业破产法规定的管理人职权中有关财产管理和营业经营的职权应当由债务人行使。

77. 在重整期间，管理人组织生产经营的，应当制订重整期间的经营方案，并向人民法院报告。

管理人组织生产经营或债务人自行管理财产和营业事务的，仍以债务人为经营主体。

78. 重整计划草案中有债转股方案的，应当同时制订债权清偿方案，且债权清偿方案应当符合相关法律法规、司法解释的规定。债权人有权选择债转股方案或债权清偿方案受偿，重整计划草案债权人全体同意的除外。

重整计划无法执行时，选择债转股的债权人可以选择放弃股东权利，按照同类债权进行受偿。

79. 重整计划草案涉及出资人权益调整事项的，应当设出资人组，对该事项进行表决。

有限责任公司的出资人权益调整事项经股东所持表决权的三分之二以上同意，即为通过。

股份有限公司的出资人权益调整事项经出席出资人组会议的股东所持表决权的三分之二以上同意，即为通过。

80. 人民法院经审查认为，债权人会议通过的重整计划符合下列条件的，应当自收到申请之日起三十日内裁定批准重整计划，终止重整程序，并予以公告：

（1）重整计划的表决程序符合企业破产法的规定；

（2）重整计划中的经营方案具有可行性；

（3）重整计划的内容不损害各表决组中反对者的清偿利益。

81. 人民法院经审查认为，债权人会议未通过的重整计划符合下列条件的，应当自收到申请之日起三十日内裁定批准重整计划，终止重整程序，并予以公告：

（1）重整计划草案的内容符合企业破产法第八十七条第二款规定的条件；

（2）至少有一个债权人组已经通过重整计划草案，且各表决组中反对者能够获得的清偿利益不低于依照破产清算程序所能获得的利益；

（3）重整计划草案涉及行政许可事项的，已取得行政机关许可事项的书面意见；

（4）重整计划草案内容不违反法律、行政法规强制性规定，不损害国家、集体、第三人利益及社会公共利益；

（5）适用本条规定裁定批准重整计划的，一般应提交本院审委会讨论通过。

82. 重整计划涉及出资人权益调整事项的，原出资人应当配合办理股权变更登记。

无法办理股权变更登记的，管理人可以依据人民法院批准重整计划裁定书申请强制执行。

83. 重整计划因特殊情况确实无法执行的，可以由负责制订重整计划的债务人或管理人申请变更重整计划一次。

债权人会议通过变更重整计划决议的，应当自通过之日起十日内提请人民法院批准。人民法院裁定同意变更重整计划的，债务人或者管理人应当在六个月内提出新的重整计划。

提交给因重整计划变更而受到不利影响的债权人组和出资人组进行表决。

重整计划变更后的表决程序、申请人民法院批准以及人民法院裁定是否批准的程序与原重整计划的相同。

十、关于破产清算

84. 人民法院受理破产清算申请后，在第一次债权人会议上无人提出重整或和解申请，管理人应当在债权审核确认和审计、评估工作完成后及时向人民法院提出宣告破产的申请，人民法院受理破产和解或重整申请后，债务人出现应当宣告破产的法定原因时，人民法院应当依法宣告债务人破产。

破产申请受理后，经管理人调查，债务人财产不足以清偿破产费用且无人代为清偿或垫付的，人民法院应当依管理人申请宣告破产并裁定终结破产清算程序。

85. 破产财产处置应当以价值最大化为原则，兼顾处置效率。破产财产的处置应当按财产变价方案执行，变价出售破产财产应当通过拍卖进行，经债权人会议决议，可以采取作价变卖或实物分配的方式。

采取拍卖、变卖方式变价出售破产财产的，应优先通过司法网络拍卖平台进行处置。

86. 对于法律没有明确规定清偿顺序的债权，人民法院可以按照人身损害赔偿债权优先于财产性债权、私法债权优先于公法债权、补偿性债权优先于惩罚性债权的原则合理确定清偿顺序。

因债务人侵权行为造成的人身损害赔偿，可以参照企业破产法第一百一十三条第一款第一项规定的顺序清偿，但涉及的惩罚性赔偿除外。

破产财产依照企业破产法规定的顺序清偿后仍有剩余的，可依次用于清偿破产受理前产生的民事惩罚性赔偿金、行政罚款、刑事罚金等惩罚性债权。

破产申请受理后，债务人欠缴款项产生的滞纳金，包括债务人未履行生效法律文书应当加倍支付的迟延利息和劳动保险金的滞纳金，债权人作为破产债权进行申报的，人民法院不予确认。

87. 破产财产的分配应当以货币分配方式进行，但是债权人会议决议采取实物分配、债权分配等方式的除外。

88. 消费购房者享有优先受偿权。消费购房者债权优先于建设工程价款受偿。债权人以购房者名义申报债权，管理人经审查存在虚假按揭、以房抵债、设定让与担保等情形的，人民法院应综合考虑基础法律关系、实际履行情况、备案登记状况等因素予以认定。

89. 建设工程价款债权享有优先受偿权。建设工程价款债权优先于有特定财产担保债权受偿。

90. 对债务人特定财产享有担保权的债权人就该特定财产享有优先受偿权。

在破产清算和破产和解程序中，对债务人特定财产享有担保权的债权人可随时向管理人主张就该特定财产变价处置行使优先受偿权，管理人应及时变价处置，不得以须经债权人会议决议等为由拒绝。但因单独处置担保财产会降低其他破产财产的价值而应整体处置的除外。

在重整程序中，管理人或者自行管理的债务人应当及时确定设定有担保物权的债务人财产是否为重整所必需。如果认为担保物不是重整所必需，管理人或者自行管理的债务人应当及时对担保物进行拍卖或者变卖，拍卖或者变卖担保物所得价款在支付拍卖、变卖费用后优先清偿担保物权人的债权。

91. 以划拨方式取得的国有土地使用权及其地上建筑物设定合法抵押的，该抵押的国有土地使用权折价或者拍卖的价款，应优先缴纳土地出让金，抵押权人就剩余部分享有优先受偿权。

92. 由第三方垫付的职工债权，原则上按照垫付的职工债权性质进行清偿；由欠薪保障基金垫付的，应按照企业破产法第一百一十三条第一款第二项的顺序清偿。债务人欠缴的住房公积金，按照债务人拖欠的职工工资性质清偿。

93. 企业破产法第一百一十三条第一款第二项中的“除前项规定以外的社会保险费用”是指基本养老保险和基本医疗保险中的社会统筹部分，以及除基本养老保险和基本医疗保险以外的依法设置的失业保险、工伤保险和生育保险等社会保险。

社会保险费用计算截止日为劳动合同解除之日。

94. 行政、司法机关对破产企业的罚款、罚金和没收违法所得应当劣后于其他债权清偿，破产财产清偿破产债权后仍有剩余的可以清偿。

十一、关于和解

95. 和解草案应当包括以下内容：

（1）债务人的财产状况；

（2）清偿债务的比例、期限及财产来源；

（3）破产费用、共益债务的种类、数额及支付期限；

（4）和解协议的执行期限和清偿步骤；

（5）和解协议的执行保障；

（6）人民法院要求的其他内容。

96. 人民法院应当对和解协议草案进行形式审查和实质审查。实质审查时应当听取债务人、主债权人、其他利害关系人对和解的意见。

97. 人民法院经审查认为和解申请符合法律规定的，应当裁定和解，并予以公告。

债务人直接向人民法院申请和解的，自债权申报期限届满之日起十五日内召集债权人会议讨论和解协议草案。

由破产清算程序转为和解程序的，自裁定和解之日起十五日内召集债权人会议讨论和解协议草案。

98. 人民法院经审查发现有下列情形之一的，应当裁定不予受理和解申请：

（1）申请人不是债务人；

（2）申请人不具备企业法人资格；

（3）申请人不具备企业破产法第二条第一款规定的破产原因；

（4）申请人未提交财产状况说明、财务会计报告、债权清册、债务清册及和解协议草案，且未在指定期限内补交的；

（5）不符合有关管辖规定。

99. 债权人会议通过和解协议后，管理人应当向人民法院提出认可和解协议的申请。

人民法院经审查，认为和解协议符合法律规定的，应当自收到申请之日起三十日内裁定认可和解协议。

100. 经审查，人民法院认为符合下列情形的，应当裁定终止和解程序，并予以公告：

（1）和解协议经债权人会议表决通过后，人民法院裁定认可的；

（2）和解协议未经债权人会议表决通过或未获人民法院裁定认可的；

（3）人民法院作出认可和解协议裁定前，债务人撤回和解申请的。

101. 和解协议执行过程中，因情势变更，管理人或债务人认为确有必要变更和解协议相关内容的，应向人民法院提交和解协议变更草案。

102. 人民法院受理破产申请后，宣告债务人破产前，债务人与全体债权人就债权债务的处理自行达成协议的，可以请求人民法院裁定认可，并终结破产程序。

十二、关于简易程序

103. 债务人财产状况清晰、债权债务关系明确、争议不大的破产清算案件，具有下列情形之一的，人民法院可以决定适用简易程序审理：

（1）债权人人数在 20 人以下的；

（2）债务人财产价值在 200 万元以下的；

（3）破产财产不足以支付全部破产费用的；

（4）无财产、无账簿、债务人人员下落不明的；

（5）经过强制清算程序，资产和负债已确认完毕的；

（6）其他适用简易程序审理的情形。

具有下列情形之一的，不宜简化审理程序：

（1）在全国或全省范围内有重大影响的；

（2）债务人涉及集资类犯罪的；

（3）债务人资产情况复杂或者难以变现的；

（4）涉及职工安置问题及其他对社会稳定有影响的隐患；

（5）关联企业实质合并破产案件；

（6）其他不宜简化审理程序的情形。

104. 适用简易程序审理的破产案件，可以由法官独任审理。

105. 适用简易程序审理的破产案件，原则上应在裁定受理破产申请之日起六个月内审结，经院长批准，可以延长三个月。

106. 适用简易程序审理的破产案件，经受送达人同意，人民法院可以通过全国企业破产重整案件信息网以电子邮件、移动通信等能够确认其收悉的方式送达与破产程序有关的法律文书，但裁定书除外。

107. 适用简易程序审理的破产案件，人民法院应当自裁定受理破产申请之日起七日内通知已知债权人，并予以公告。

适用简易程序审理的破产案件，债权申报期限一般为三十日。

108. 适用简易程序审理的破产案件，第一次债权人会议自债权申报期限届满之日起五日内召开，债权人会议召开次数一般不超过两次。

债权人会议的召开可以采用书面、网络会议等形式，债权人可以采用邮寄或网络方式进行表决。

适用简易程序审理的破产案件可不设立债权人委员会。

109. 管理人应及时调查债务人财产，对债务人名下的房产、土地、存款、股权、车辆等财产，应当在人民法院指定管理人之日起二十日内调查完毕。

110. 债权人会议未通过的破产财产分配方案，可以由管理人修改并说明情况后，提交本次债权人会议二次表决。

经本次债权人会议二次表决仍未通过的，由人民法院依法裁定。

十三、关于衍生诉讼

111. 人民法院受理破产申请后，已经开始而尚未终结的有关债务人的民事诉讼或者仲裁应当中止；在管理人接管债务人的财产后，该诉讼或者仲裁继续进行。管理人在接管债务人的财产后，应当通知人民法院恢复审理。管理人因正当理由未完成诉讼准备工作而不能参加诉讼的，应当及时向人民法院申请延期审理。

112. 人民法院受理破产申请后，当事人提起的有关债务人的民事诉讼，应当依据企业破产法第二十一条的规定，由受理破产申请的人民法院管辖。

前款涉及的案件由破产审判庭另行组成合议庭进行审理。

受理破产申请的人民法院，如对有关债务人的海事纠纷、专利纠纷、证券市场因虚假陈述引发的民事赔偿纠纷等案件不能行使管辖权的，可以依据《中华人民共和国民事诉讼法》第三十八条的规定，由上级人民法院指定管辖。

113. 人民法院受理破产申请后，有关债务人的民事诉讼，包括破产申请受理时已经开始而尚未终结的，以及破产申请受理后新提起的，以债务人为诉讼主体的，管理人作为诉讼代表人参加诉讼。

管理人依据企业破产法第三十一条、第三十二条提起的破产撤销权诉讼，以及依据企业破产法第三十三条提起的确认债务人行为无效之诉，应由管理人作为原告，不适用前述关于诉讼主体的规定。

管理人对外清收债权提起诉讼的，可以向人民法院申请减免缓交诉讼费。

因重整程序终止后新发生的事实或者事件引发的有关债务人的民事诉讼，不适用企业破产法第二十一条的规定。除重整计划有明确约定外，上述纠纷引发的诉讼，不再由管理人代表债务人进行。

十四、其他

114. 本规程由河北省高级人民法院审判委员会负责解释。

115. 自公布之日起施行。

指导案例、典型案例与解读

2023年江苏法院破产审判典型案例

（2024年4月19日江苏省高级人民法院发布）

案例一

前移司法挽救关口　助力破产航空企业再腾飞

——南通华某飞机工程技术股份有限公司破产重整案

【关键词】

能动履职、府院联动、重整价值维护、航空企业

【基本案情】

南通华某飞机工程技术股份有限公司（以下简称华某飞机公司）是中国首家专业维修中小型航空器的维护、维修和大修企业，国内最大公务机维修、二手飞机拆解及航材贸易企业，江苏首家飞机大修民营企业。受各方面因素影响，华某飞机公司业务锐减、现金流枯竭，陷入危机。2022年1月，该公司向南通市中级人民法院（以下简称南通中院）申请破产重整。

接到申请后，南通中院立即协调属地区委区政府及法院组建工作专

班。经调研发现面临三方面困难：一是维修资质赖以存在的多名技术骨干意欲辞职；二是股东无法接受司法重整下原股东可能出局的结果，但无法判断其对公司关键资源存续的影响力；三是业务恢复前景不明，暂无投资人接盘。工作专班经认真研究决定暂不进入司法重整程序，给予原股东自救机会，同时迅速开展以下工作：一是筹措资金稳定核心技术队伍。在各方通力协作下，民航华东管理局专门赴华某飞机公司对维修许可证换证检查并为华某飞机公司换发资质证书。二是跨区联动维系重要客户。华某飞机公司对其重要客户有应收款项，但因公司涉诉，账户被查封。南通中院协调相关法院妥善处理并解除查封，消除客户疑虑。三是履行涉外合同消除市场声誉风险。华某飞机公司为国外客户改装飞机，因多方因素逾期交付两年有余，面临高额违约赔偿。工作专班商请相关部门协调空域、航线等资源，顺利交付客户，得到该国驻沪领事馆高度赞扬，维护了华某飞机公司海外市场声誉。四是持续寻找潜在战略投资主体。针对华某飞机公司特点，扩大业内消息传播范围，随着民航运输市场复苏发展，2023 年 3 月，多个意向投资人进入视野并开展实质性磋商。同年 8 月，原股东放弃自救。后南通市通州区人民法院根据债权人申请启动执行转破产程序并经南通中院指定管辖受理华某飞机公司破产重整案，同年 11 月 28 日裁定终结重整程序，引进偿债、运营资金约 2. 6 亿元。现华某飞机公司已正常开展业务。

【典型意义】

本案是人民法院能动履职，前移司法挽救关口，精准施策，助力危困民营企业新生的典型案例。维护重整价值是华某飞机公司重整成功的内因。工作专班确定华某飞机公司暂不进入司法重整程序后，依托府院联动机制各司其职，积极采取各种措施稳定核心技术队伍、维护经营资质及客户资源、消除市场声誉风险，有力维护企业重整价值。给予自救机会是华某飞机公司重整成功的外因。在原股东对华某飞机公司生存影响力无法判断且对司法重整有抵触情绪的情况下，工作专班给予其自救机会，其最终自愿放弃自救，为华某飞机公司重整成功提供了良好外部条件。

（南通市通州区人民法院）

案例二

创新突破共益债模式　破产重整助力百年药企困境重生

——苏州第某制药有限公司预重整转破产重整案

【关键词】

银行共益债、重整价值、预重整

【基本案情】

苏州第某制药有限公司（以下简称第某制药）创始于1920年，是苏州开办的第一家化学制药企业，其核心产品“舒思”是当前临床治疗抑郁症、精神分裂症等中枢神经系统疾病的主要用药。受集团母公司债务危机等多方面因素叠加影响，第某制药先后被多家债权人起诉并申请执行。

2022年12月7日，苏州工业园区人民法院（以下简称园区法院）对债权人申请第某制药破产重整一案立案审查，并于2023年1月3日决定对第某制药进行预重整。预重整期间，临时管理人协助安置职工，与供应商和代理商沟通协调确保采购与销售正常，组建招投标小组、制订投标方案，助力“舒思”以最高价一次中标16省药品联盟集采，有力维护了企业重整价值；积极恢复动力车间续建，为企业持续扩大产能打下基础；最终通过集中评选结合公开竞价方式成功招募到投资人，引入重整投资共计 3.55 亿元，实现溢价率 42%。2023 年 4 月 7 日，园区法院裁定受理第某制药重整案。根据重整计划草案，投资人将在继续开发现有产品、全盘接收现有职工的基础上加大研发投入与引进人才。上述草案经债权人会议各组别审议均高比例表决通过。同年 7 月 21 日，园区法院裁定批准重整计划并终止重整程序。

【典型意义】

本案是人民法院积极运用多种破产制度工具挽救企业的典型案例。一是在执行移送破产审查阶段，人民法院经审慎评估果断同意债务人继续营业，并积极协调债权人同意对其银行账户“活冻结”，有效维持了企业继续经营和职工稳定。二是首次在预重整期间通过公开招募方式引入银行作为共益债出借人，有效降低了企业共益债融资成本，保障了动力车间续建。三是创造性采用了“综合评分+现场竞价”的投资人遴选方式，并在设计遴选方案时重点考量投资人的业务匹配度及后续经营方案，充分实现投资人引进与区域产业升级发展要求的融合。本案通过“预重整+重整”组合拳，一体实现“以破引资+产业升级”的多目标，在保留原有科研骨干和明星产品的同时，注入了新的生产要素，成功助力债务人存续式重整，为中小企业借助破产保护手段纾解债务压力、有效激活社会生产要素提供了有益经验。

（苏州工业园区人民法院）

案例三

“出售式重整+假马竞标” 助力企业绿色重生
——江苏宝某镍业有限公司破产重整案

【关键词】

出售式重整、假马竞标、绿色发展

【基本案情】

2020年3月24日，连云港市连云区人民法院（以下简称连云法院）依法裁定受理江苏宝某镍业有限公司（以下简称宝某公司）破产清算案，170余家债权人申报债权近50亿元。经专业机构评估，宝某公司资产总值约7.2亿元，该公司名下2650亩土地使用权及车间厂房、机器设备若长期闲置，将造成资源浪费，亦不利于区域经济稳定协调发展。宝某公司破产债权总额较大，在假定破产清算状态下的普通债权清偿比例极低。为尽快盘活宝某公司名下不动产资源，提高债权清偿比例，连云法院指导管理人发布重整投资人招募公告，在全国范围招募重整投资人。后宝某公司股东申请对宝某公司进行重整。2022年9月9日，连云法院裁定宝某公司由破产清算程序转入重整程序。同年9月29日，连云法院组织召开第二次债权人会议，宝某公司重整计划草案经分组表决通过。11月7日，连云法院裁定批准重整计划，目前重整计划已执行完毕。宝某公司厂区升级改造建设正在有条不紊推进中，宝某公司正在逐步恢复经营能力和盈利能力。

【典型意义】

本案是人民法院贯彻绿色发展理念，将破产重整融入经济社会高质量发展的典型案例。宝某公司紧靠石化产业基地，区位优势明显。在案件处理过程中，连云法院全面贯彻绿色发展理念，结合地方产业政策制订重整计划草案，由投资人通过将该地块产业导向低能耗、低污染的产业，实现由第二产业向第三产业的转型。本案创新适用“出售式重整+假马竞标”的组合模式，以遴选确定的意向投资人作为假马，通过公开竞价程序引来出价更高的潜在投资人，投资取得宝某公司新设立的子公司股权，确保投资人选定程序公平、公正、公开，助力新企业轻装上阵。重整投资人在接收宝某公司资产后，以完善连云港石化产业基地全方位服务体系为发展宗旨，通过改造升级宝某公司厂区，打造优质物流港多式联运中心，为石化产业中下游产品提供配套服务，助力建设成为世界一流石化产业基地。

（连云港市连云区人民法院）

案例四

创新瑕疵破产财产处置　“破”解烂尾楼办证僵局

——无锡市翠某房地产开发有限公司破产重整案

【关键词】

预重整、府院联动、瑕疵不动产办证

【基本案情】

无锡市翠某房地产开发有限公司（以下简称翠某公司）系房地产开发经营公司。2006年翠某公司开始开发“芙蓉山庄”项目，2014

年、2021年两次因资金原因导致工程停工，同时，由于公司办理项目网签备案处置不当，并因拖欠农民工工资、债务延期支付等问题，频繁引发群体性信访事件，公司涉及诉讼案件、执行案件数十起，对外负债21亿余元，资产估值14亿余元，已严重资不抵债。2022年1月，翠某公司破产重整的申请递交至法院。

为化解债务风险，经债务人申请，无锡市锡山区人民法院（以下简称锡山法院）于2022年1月25日决定对翠某公司启动预重整。预重整期间，锡山法院全面梳理翠某公司财产状况、资产情况，基本完成债权申报预审查，预重整方案磋商、制订和意见征集，指定预重整管理人，制作并发布投资人招募公告等基础工作。同年6月23日，裁定翠某公司转入重整程序。后管理人制订重整计划草案，锡山法院开展重整投资人招募工作，注入外部资金，上述草案经债权人会议审议表决通过。2023年1月，裁定批准重整计划，终止重整程序。同年10月，翠某公司“芙蓉山庄”三期项目续建成功，顺利交付首批房产证。

【典型意义】

本案是人民法院贯彻“保交楼、保民生、保稳定”理念，充分发挥审判职能作用，综合运用多种破产挽救制度工具，服务优化营商环境，保障民生的典型案件。翠某公司的核心资产是在建工程，但开发建设周期长，且多次烂尾，锡山法院通过以下举措破解续建难题和办证僵局：一是及时把握企业拯救时机，采用预重整转重整方式，将重整基础工作前置，给予债权人、债务人、投资人充分时间沟通、协调，提升重整成功率。二是采用“续建式重整”模式，通过公开招募引入投资人，完成烂尾楼盘续建，提高债权人清偿比例。三是深化府院联动机制，破解瑕疵不动产办证难题。针对项目多次烂尾、竣工验收必备资料缺失且无法补齐的困境，锡山法院及属地政府各职能部门依托处置专班，以专班会议纪要、重新取得的房屋安全性鉴定报告等材料替代原竣工验收相关材料，在确保房屋质量安全前提下，推动住建、自规（资规）等部门协作容缺登记，有效打破烂尾楼验收办证僵局。

（无锡市锡山区人民法院）

案例五

破产重整助力新能源企业破茧重生

——江苏华某电缆电器有限公司破产重整案

【关键词】

新能源企业、重整救治、府院联动、新质生产力

【基本案情】

江苏华某电缆电器有限公司（以下简称华某公司）成立于 1995 年，是国内唯一一家持有核电缆与电气贯穿件两个系列产品的核电设计和制造资质的民营企业。近年来，由于为股东提供巨额担保，该公司陷入经营困境，于 2022 年 10 月向常州经济开发区人民法院（以下简称经开区法院）申请重整。经开区法院初查后发现，该企业为新型电力装备企业，系常州市新能源产业集群企业成员。经开区法院迅速启动企业破产府院联动机制，主动对接属地政府及相关部门，结合产业布局要求和公司特色优势，指导管理人制订投资人招募方案，并通过全国性平台公开招募。借鉴专家辅助人机制，组建由国内著名电缆专家主持的专家评审委员会，召开由地方政府代表、职工代表参加的评审会，由意向投资人现场答疑，公开、公正评审投资方案，最终选择与华某公司产品互

补、具有发展前景的企业作为战略投资人，合力打造新能源产业“发储送用”生态全链条。此外，经开区法院加强与税务、市场监管等部门的协调联动，帮助企业在最短时间内全面完成纳税、市场监督管理、司法、金融信用信息等领域的信用修复，尽快恢复正常生产秩序。2023年4月7日，债权人会议表决通过重整计划草案。4月17日，经开区法院裁定批准重整计划，终止重整程序。5月29日，华某公司重整计划提前执行完毕。

【典型意义】

本案是人民法院践行破产重整救治理念、助力企业转型升级、服务保障地方经济高质量发展的典型案例。经开区法院紧紧围绕“新能源之都”建设这一重点产业政策，敏锐捕捉、准确识别企业重整价值，充分发挥企业资源优势，从有效整合生产要素、合理调整产业布局的高度出发，引入国家专精特新小巨人企业作为战略投资人，推动重整企业实现债务清偿的同时，有效提升竞争力。此外，通过府院高效协调联动，助推企业实现各领域信用的及时修复，为企业重回生产经营正轨扫清障碍。短短七个月内，华某公司累计清偿债务7000万元、获得生产经营资金投入近亿元。重整计划执行完毕至今不到一年，华某公司已中标数个国家重点核电项目，累计完成产值7500万元，实现利税180万元。企业产品线也由单一“送能”转向“送储”并行，经营布局拓展到全新的氢能、储能等清洁能源市场。该公司实现涅槃重生，充分彰显了破产审判服务保障法治化营商环境建设、为新质生产力建设培育新动能的积极作用。

（常州经济开发区人民法院）

案例六

精准分类“混合分配” 保障新能源汽车产业链稳定

——申某密封件（淮安）有限公司破产清算案

【关键词】

新能源汽车、资产出租、混合式分配

【基本案情】

申某密封件（淮安）有限公司（以下简称申某淮安公司）主营汽车密封件的开发和生产加工业务，其原控股股东为申某密封件有限公司（以下简称申某公司）。得益于申某公司及其关联公司（合称库博集团）的市场影响力，申某淮安公司成为比亚迪、上汽等国内知名车企的稳定供货商。后因申某公司转让股份，申某淮安公司生产经营发生困难，涉案债务达1.4亿余元。2021年9月21日，淮安市淮阴区人民法院（以下简称淮阴法院）裁定受理该公司破产清算案。

破产程序中，经核查发现，申某淮安公司与库博集团关联公司之间存在1.1亿余元债权、债务往来，债务关系短时间内难以厘清，10余家下游车企厂商存在急迫供货需求，破产案件推进一度陷入僵局。若持续，申某淮安公司将面临巨额违约赔偿，国内新能源汽车的生产及售后服务也将受到影响。考虑到申某淮安公司的特殊资产模具生产线具有专用性及时效性强、流通性弱等特点，淮阴法院创新工作思路，指导管理人采取资产“搁置处置+实物出租”方式，将模具出租给相关公司，用于生产新能源汽车厂商所需的密封圈，避免破产资产闲置浪费，有效解决断供风险。在此基础上，淮阴法院将债权人分为库博集团和其他债权人两类。对于库博集团，由集团出资2000余万元，管理人与集团就申某淮安公司的部分实物资产及双方的债权债务达成“一揽子”处置协议，模具生产线等实物资产得以盘活利用。对于其他153名债权人实行货币分配，普通债权清偿率达80%。本案通过“实物打包+货币分配”模式完成破产财产“混合分配”，在保障新能源汽车零部件供应链完整的基础上，实现了双赢多赢共赢。申某淮安公司破产程序已终结。

【典型意义】

本案是人民法院通过创新破产财产处置分配方式，保障新能源汽车制造及售后产业链、供应链完整的典型案例。一是坚持破产不停产。灵活采用资产出租方式，使模具生产线等特殊设备物尽其用，实现破产资产效益的最大化。二是创新采取“混合分配”模式。通过债权债务及特殊资产“一揽子”处置协议，既解决了复杂的债权债务问题，也满足了库博集团对生产设备的现实需求，有效规避了传统低效处置方式可能引发的新能源汽车配件供应紧张风险。三是保障新能源汽车产业链稳定。除库博集团外的其他债权人均为小微企业，多系上游原材料供货商，本案较高的清偿率减轻了债务人破产对上游企业的影响，保障了新能源汽车领域产业链、供应链的完整和稳定。

（淮安市淮阴区人民法院）

案例七

识别关口前移促重整　服务乡村振兴显担当

——江苏东某金鼎食品有限公司破产重整案

【关键词】

乡村振兴、清算转重整、府院联动

【基本案情】

江苏东某金鼎食品有限公司（以下简称东某公司）经营场所位于中国大蒜之乡邳州市宿羊山镇，主营大蒜加工。该公司因融资不畅导致停产，众多债权人起诉，其中一件案件进入执行程序，公司资产被查封。邳州市人民法院（以下简称邳州法院）将破产原因识别关口前移，在其他案件进入执行程序前，决定启动执转破程序，裁定受理东某公司破产申请。通过走访发现，一方面，宿羊山镇年产鲜蒜 10 万多吨，蒜农 8 万余人，对大蒜深加工存在很大需求；另一方面，东某公司有产权明晰的土地、在建厂房，位于当地食品园区内，具备较高的重整价值，引入熟悉大蒜加工行业、掌握技术的投资人进行破产重整才是良策。邳州法院遂发挥府院联动机制作用，与政府共同寻找、筛选投资人。最终，大蒜深加工行业某龙头企业胜出。东某公司重整计划草案获债权人会议表决通过，普通债权清偿率由 15%提升至 27%。目前，东某公司已恢复运营，年产蒜片 4000 吨，产值 1 亿元，创造就业岗位 160 余个，4000 多户蒜农不仅有了稳定售蒜渠道，还可应聘装卸工等增收；投资人目前也已启动上市程序。

【典型意义】

本案是人民法院前移破产原因识别关口，及时运用重整制度救治企业，助力地方特色产业发展，服务乡村振兴战略实施的典型案例。面对有优质资产且行业前景较好的破产企业，人民法院没有“一破了之”，而是充分发挥破产审判司法能动性，推动清算转重整，提高清偿比率，盘活企业资源。为了保障蒜农利益，提高产品附加值，人民法院尽可能寻找符合产业规划、深谙行业规则、掌握技术手段、销售渠道固定的战略投资人。本案中，重整后的东某公司不仅按计划高比例清偿了全部债务，同时也有效盘活了公司资产。目前，年需鲜蒜1.6万吨，辐射1.6万亩土地，为4000户蒜农提供了稳定的销售渠道，每亩增收5000余元。本案的成功办理为乡村振兴、促进农业农村现代化、保障区域特色经济发展提供了有力司法服务和保障。

（邳州市人民法院）

案例八

灵活运用小微企业破产保护方案　助力企业“涅槃重生”

——江苏福某至环保新材料有限责任公司破产和解案

【关键词】

破产和解、小微企业、保护创新

【基本案情】

江苏福某至环保新材料有限责任公司（以下简称福某至公司）是

一家从事环保新材料的研发、分装、销售及环保技术领域内的技术开发、拥有 10 项知识产权的高新技术小微企业。因经营管理不善，未及时清偿到期债务，其债权人向南京市玄武区人民法院（以下简称玄武法院）申请破产清算。

在申请阶段，玄武法院针对债务企业系小微企业的特点，引导申请人按照破产申请表的要素准备各项材料，使法官准确把握审查重点。2023 年 4 月 14 日，玄武法院裁定受理福某至公司破产清算案。清算过程中，管理人对福某至公司财产进行了全面调查。经调查，福某至公司目前经营活动尚未停止，其研发的环保新材料中的冷凝剂产品具有一定的创新性和技术性，其有继续存续的价值。为营造鼓励创业、宽容失败的社会创业环境，玄武法院和管理人积极与福某至公司相关人员沟通协调，多次召开沟通协调会，促进福某至公司及债权人思想"破冰"，针对和解前景、债权清偿方案进行详尽分析、阐明利弊，撮合各方开展和解，以期实现债权清偿和企业重生的双赢局面。5 月 23 日，福某至公司与全体债权人达成和解协议。6 月 6 日，玄武法院裁定认可福某至公司和解协议，终结福某至公司破产程序。后福某至公司全额清偿债权人的债权。

【典型意义】

本案是人民法院运用小微企业破产保护方案助力小微企业纾困解难、健康发展的典型案例。2023 年 3 月 20 日，南京市中级人民法院出台《关于推进小微企业破产保护的工作方案（试行）》（以下简称《工作方案》），为小微企业"量身"提供简便、快捷和低成本的"友好型"破产程序。玄武法院针对福某至公司系拥有多项知识产权的高新技术小微企业的特点，做好三项工作。首先，准确适用《工作方案》，通过要素化的表格帮助债权人准确知晓小微企业财产状况和处置方式、及时把握自身债权受偿的关键信息，便于债权人会议审议，为债权人行使权利进一步“减负”。其次，畅通小微企业、债权人、管理人、法院四方沟通平台，多次召开案件协调会，促成各方成功和解，引导小微企业和债权人相互信任和合作。最后，通过破产“柔性”司法，使拥有自主知识产权、具有挽救价值的小微企业实现“涅槃重生”，恢复生产经营能力和活力，减少社会资源的损失与浪费，保护小微企业的生存发展空间，为重新焕发生产活力的小微企业融入市场营造了良好法治化营商环境。

（南京破产法庭）

案例九

推进稀缺资源整合　赋能港口融合发展

——镇江兴某港务有限公司破产重整案

【关键词】

港口资源、强制批准

【基本案情】

镇江兴某港务有限公司（以下简称兴某公司）成立于2005年，经营范围主要包括码头和其他港口设施经营、货物装卸、仓储经营等。因不能清偿到期债务，兴某公司作为债务人于2022年5月5日向扬中市人民法院（以下简称扬中法院）提交预重整申请。经审查后，扬中法院认为该公司拥有国家一类开放口岸资质，而港口和码头属于不可替代的稀缺资源，且公司具备持续经营能力，具有较好的市场前景和较高的重整价值，遂决定对该公司启动预重整，并于 2022 年 10 月 14 日裁定受理该公司破产重整案。后经公开遴选确定了重整投资人，管理人亦按期提交了重整计划草案，但经债权人会议表决时，普通债权组两次表决均未通过该草案。扬中法院经审查认为，兴某公司具有挽救价值和重整可能，且重整计划草案符合企业破产法第八十七条第二款第三项规定的强制批准条件，即如果按照重整计划草案，兴某公司的普通债权清偿率将高于破产清算状态下 5. 69 个百分点，故依法裁定批准重整计划草案。目前，重整计划已提前执行完毕。投资人依托港口优势，在港区建设集产品研发、生产、物流、贸易于一体的新型建材科技物流园区，推动兴某公司进一步转型升级。

【典型意义】

本案是促进长江港口岸线保护利用，推动港口企业重整成功案例。审理过程中，人民法院坚持能动履职，深化困境企业司法救治理念，充分发挥府院协调联动机制作用，在多方通力配合、充分论证的基础上，依法审慎合理运用法院强制批准权，打破各方利益调整主体谈判僵局，使重整计划草案顺利通过。通过重整，充分保护了债权人、债务人合法权益，使港口岸线资源得到有效保护和集约高效利用，促进长江港口持续健康有序发展，实现社会效益最大化。

（镇江市中级人民法院）

案例十

重整程序助力旅行社再获新生 府院联动保障小微企业持续发展

——国某（江苏）扬州国际旅行社有限公司破产重整案

【关键词】

小微企业、立审执破、府院联动

【基本案情】

国某（江苏）扬州国际旅行社有限公司（以下简称国某扬州公司）成立于2015年10月27日，是某集团旗下的四级子公司，主营境内旅游、出入境旅游业务。受多方因素影响，国某扬州公司经营陷入困境，持续亏损并于2020年实际停止经营，引发大量诉讼案件。在涉国某扬州公司案件审理、执行过程中，扬州市广陵区人民法院（以下简称广陵法院）精准识别国某扬州公司出境游资质具备重整价值，引导控股股东垫资解散员工，控制债务规模，为挽救国某扬州公司提供稳定条件。后经债务人申请，广陵法院裁定受理国某扬州公司破产清算案。随着旅游服务市场逐步复苏，为保障国某扬州公司重整价值和债权人合法利益，经控股股东申请，广陵法院裁定国某扬州公司转入重整程序。为提高国某扬州公司重整成功率，广陵法院借助政府招商平台发布招募投资人公告，并启动府院联动机制向政府相关部门通报国某扬州公司的基本信息，吸引区属国企报名参与重整，并成为重整投资人，各表决组一致表决通过了重整计划草案，广陵法院于2023年12月13日裁定批准重整计划并终止国某扬州公司重整程序。

【典型意义】

本案是小微企业旅行社重整成功的典型案例。国某扬州公司系濒临破产的小微企业，广陵法院坚持“立审执破”融合理念，在初步判断该企业具备重整价值的前提下，将涉及该企业的诉讼案件集中至破产审判部门审理，便于诉讼爆发前期识别重整价值；审理阶段根据小微企业债务规模小、职工人数少的特点，引导控股股东帮助企业先行遣散员工，减少劳资矛盾，控制债务规模，为破产企业重整再生提供基础条件；执行阶段与控股股东进行有效联系，把握进入破产重整程序的最佳时机。在控股股东进行企业自救无望的情况下，广陵法院依法支持破产企业进入重整程序，启动府院联动机制吸引国资平台参与重整，合力救助小微企业，打造快速救治小微企业的新范本。本案自受理重整申请至批准重整计划用时仅 30 天，充分彰显了破产审判快速救治小微企业的职能作用。

（扬州市广陵区人民法院）

法答网精选答问

法答网精选答问（第三批）（节录）

问题1：民间借贷合同未约定利息或者利息约定不明，出借人主张利息的，如何处理？

答疑意见：对出借人的主张区分层次审查处理，详情如下。

第一个层次：民间借贷合同未约定利息。根据民法典第六百八十条第二款“借款合同对支付利息没有约定的，视为没有利息”以及《最高人民法院关于审理民间借贷案件适用法律若干问题的规定》（以下简称《民间借贷规定》）第二十四条第一款“借贷双方没有约定利息，出借人主张支付利息的，人民法院不予支持”的规定，民间借贷合同对支付利息没有约定的，视为没有利息。出借人请求支付借款期限内利息的，应当以借贷合同约定为依据，借贷合同未约定利息的，人民法院不予支持，对此不区分是自然人之间的借贷合同还是自然人与法人、非法人组织之间或法人与非法人组织之间的借贷合同。

第二个层次：民间借贷合同对利息约定不明。根据民法典第六百八十条第三款“借款合同对支付利息约定不明确，当事人不能达成补充协议的，按照当地或者当事人的交易方式、交易习惯、市场利率等因素确定利息；自然人之间借款的，视为没有利息”以及《民间借贷规定》第二十四条第二款的规定，对于支付利息约定不明确的，应区分两种情况：一是自然人与法人、非法人组织之间的民间借贷合同以及法人、非法人组织之间的民间借贷合同，对支付利息约定不明确，当事人又不能达成补充协议的，按照当地或者当事人的交易方式、交易习惯、市场利率等因素确定利息。这里既包括确定是否应当支付利息，也包括确定利率的高低。二是自然人之间的民间借贷合同对支付利息约定不明确的，视为没有利息，出借人不享有支付利息请求权。审判实践中，自然人之间的借款合同如果约定了利率但未明确是月利率还是年利率的，属于对支付利息作了明确约定，只是对利率标准约定不明，人民法院可依据当事人之间的交易习惯等因素对利率作出认定。

第三个层次：民间借贷合同未约定利息但约定了借款期限。对于民间借贷合同既未约定借期利息，又未约定逾期利息的情形，根据民法典第六百八十条第二款和《民间借贷规定》第二十四条第一款规定，出借人主张借期内的利息的，依法不予支持；但对于出借人主张逾期利息的，根据民法典第六百七十六条“借款人未按照约定的期限返还借款的，应当按照约定或者国家有关规定支付逾期利息”以及《民间借贷规定》第二十八条第二款的规定，双方既未约定借期内利率，也未约定逾期利率，出借人主张借款人自逾期还款之日起参照当时一年期贷款市场报价利率标准计算的利息承担逾期还款违约责任的，人民法院应予支持。

第四个层次：既未约定利息又未约定借款期限，出借人主张逾期利息的，应当先确定“借款期限”问题。根据民法典第六百七十五条规定，借贷双方可按照民法典第五百一十条规定确定借款期限，借款期限确定后，可按照第三个层次的方法来确定利息。如果根据民法典第五百一十条规定不能确定借款期限，贷款人可以催告借款人在合理期限内返还，对于“合理期限”之后的逾期利息，参照第三个层次的利息确定方法计算。

点评专家：程啸/清华大学法学院教授

点评意见：本答疑结合实践中常见的情形，依据民法典的规定，区分借款合同中没有约定利息、利息约定不明、未约定利息但约定了还款期限、既没有约定利息也没有约定还款期限等四个层次来解答，条理清晰，很有针对性。需要注意的是，民法典合同编第十二章借款合同规范的是所有类型的合同，既包括自然人、法人和非法人组织之间进行资金融通而成立的借款合同即民间借贷合同，也包括依法设立的从事贷款业务的金融机构向借款人发放贷款而成立的借款合同即金融借款合同。因此，依据民法典第六百八十条第二款的规定，只要是借款合同没有约定利息，那么无论该借款合同是金融借款合同还是民间借贷合同，也不管借款合同是自然人之间的还是非自然人之间的，一律视为不支付利息。此外，民法典第六百八十条第三款前半句即“借款合同对支付利息约定不明确，当事人不能达成补充协议的，按照当地或者当事人的交易方式、交易习惯、市场利率等因素确定利息”，也适用于除了自然人之间的借款合同之外的所有类型的借款合同。

问题2：原因债权是否因票据授受而消灭；如果不消灭，持票人权利如何，持票人提示付款被拒的不同情形下，持票人权利如何？

答疑意见：（1）关于原因债权是否因票据授受而消灭的问题。票据债务人为履行基础关系所约定的义务，向票据债权人交付票据，除当事人明确约定票据交付即消灭原因债权外，原因债权并不消灭，持票人对其前手既享有票据权利，也享有原因债权，二者并存。

（2）关于票据权利和原因债权竞合时的行使顺位问题。从票据关系产生的原因和票据功能的角度考虑，持票人应先行使票据权利，未能实现债权的，可再行使原因债权。关于票据权利未能实现的判断标准，则以持票人行使付款请求权未获满足即可，即在期限内提示付款被拒的情况下，持票人即享有选择权，既可以按票据关系向票据前手行使追索权，也可以依基础关系向直接前手主张原因债权。

（3）关于持票人逾期提示付款，是否还可以主张原因债权的问题。

持票人逾期提示付款的，根据票据法第十八条的规定，持票人丧失票据权利，但仍然享有民事权利，可以请求出票人或者承兑人返还其与未支付的票据金额相当的利益。票据法关于持票人利益返还请求权的规定，是为维持失权持票人与出票人、承兑人之间的利益平衡，防止出票人和承兑人因此获得不当利益。在持票人和其直接前手之间，持票人失权是因其自身过错所致，应自行承担相应的不利后果。若允许持票人再主张原因债权，因票据权利已存瑕疵，债务人履行基础关系产生的债务后却无法获得完整的票据权利，有失公允。故持票人逾期提示付款导致票据权利丧失的，不能基于基础关系主张原因债权，只可以依票据法第十八条的规定，向出票人或者承兑人主张利益返还请求权。

（4）关于票据到期持票人未获付款，既有持票人逾期提示付款的情形，也有承兑人客观上已丧失支付能力情形时，持票人的权利认定问题。我们认为，持票人逾期提示付款和承兑人客观上丧失支付能力二者的法律效果不同，宜分别评价。持票人逾期提示付款的，依票据法相关规定，持票人丧失对其前手的追索权；而承兑人发生客观上丧失票款支付能力情形的，依照票据法第六十一条第二款的规定，持票人享有期前追索权。因此，如果持票人逾期提示付款的事实发生在前，则持票人既不能向前手行使票据追索权，也不能基于基础关系主张原因债权，只能向出票人或者承兑人请求承担付款责任；而如果在票据提示付款期限届满之前承兑人丧失支付能力，则持票人既可以向前手行使票据追索权，也可以基于基础关系主张原因债权。

（5）关于基础关系债权人被追索清偿后，能否再向债务人主张原因债权的问题。基础关系债权人收受票据后，票据经历背书甚至多次背书，债权人被追索并予以清偿的，此时债权人重新获得票据，在享有持票人地位的同时也意味着其债权并未得到清偿。其对基础关系直接前手的权利，与以上答复中第二点的情况相若。

点评专家：高丝敏/清华大学法学院副院长、长聘副教授

点评意见：本答疑意见紧扣票据法条文的规范意旨与票据法的基本法理，强调了基础法律关系产生的原因债权原则上不因票据授受而消灭，明确了票据债权和原因债权竞合时持票人的权利行使顺位，并区分票据到期持票人未获付款的不同情形对持票人的权利作出了厘定。基于票据的无因性，原因债权与票据债权并存时二者间的关系以及权利行使顺序，历来是实践中的疑难问题，并在理论上存在争议。厘清这些问题，对于维护商事交易秩序、促进社会经济发展至关重要。为此，本答疑意见明确了票据债权相较于原因债权的行使顺位优先性，并提出区分持票人逾期提示付款和承兑人客观丧失支付能力的不同情形，对持票人的权利作出不同评价和认定，有望为司法实务提供较高指导价值。

司法实务问题研究

数字时代金融审判功能定位与路径创新

吴茂长　陈　玮　陈锋敏　吴芳芳*

习近平总书记指出，“法治建设既要抓末端、治已病，更要抓前端、治未病”①。为贯彻落实这一重要指示精神，人民法院可以金融审判为依托，从金融风险防控、多元化解金融纠纷、协同推广金融普惠等方面，探索数字时代金融审判的新理念与新实践。金融民商事审判态势是金融宏观运行健康与否的“晴雨表”，也是金融微观运行规范与否的“显微镜”。如何更好地发挥金融审判的职能，如何打通金融血脉的堵点、痛点，清除金融血脉中的“高血压”“高血脂”，以金融审判成果和能动履职实践来促进区域金融行业的健康发展，切实为推进金融服务实体提供有效司法服务和保障，成为理论界和实务界共同关心的问题。

一、传统金融审判的功能与理念

金融审判是司法审判活动的重要组成部分，它既有司法审判的普遍特点，又具有自身的鲜明特色，传统金融审判的功能与理念可以概括为以下几个方面。

---

* 作者单位：江西省余干县人民法院。

① 《习近平谈治国理政（第四卷）》，外文出版社 2022 年版，第 295 页。

（一）维护金融市场秩序，保障金融稳定和安全

金融市场是经济社会发展的重要组成部分。金融审判的一个重要功能就是维护金融市场的秩序，保护金融市场的公平、公正和透明。金融审判可以通过审理金融市场中的纠纷案件，对违法违规行为予以否定性的司法评价并进行打击和处罚，实现维护市场秩序和规则、促进金融市场稳定和健康发展的司法目标。同时，金融审判可以通过公正、公开的裁判，制裁市场主体的不正当竞争行为，进一步促进金融市场的公平公正。

（二）保护金融消费者权益，净化投融资市场环境

金融市场涉及庞大的金融消费者群体，其广泛从事贷款、保险、信托、证券等金融交易行为，大量开展金融产品的交换、流通和消费活动。金融审判的一个重要功能就是通过审理金融纠纷案件，厘清是非曲直，切实保护金融消费者的合法权益，从而促进投融资市场环境的净化，实现金融市场的健康可持续发展。

（三）制定金融法律规则，完善金融法治制度

金融审判活动是法治实践的重要组成部分。通过审判实践和经验总结，针对普遍性的问题，司法审判机关可以制定金融类司法解释或审判指导意见，统一裁判尺度，为金融市场主体提供稳定的预期；针对特定的金融市场主体，司法机关在审判活动中可以出具司法建议，帮助其完善管理制度、提高管理水平。同时，在立法层面上，金融审判活动中所发现的问题和积累的经验能够为金融立法和金融政策制定源源不断地提供方案和立法意见。司法审判机关在完善金融法律体系和金融法治制度上发挥了不可替代的作用。

二、数字金融发展趋势及金融审判新问题

随着金融科技的不断发展及互联网、大数据和人工智能应用的不断普及，传统金融模式正在发生巨大变革，金融审判也应随之创新。未来金融发展的趋势及金融审判有以下主要特点。

（一）未来金融发展的趋势

1. 数字经济时代数字金融的发展与创新

数字金融是指互联网及数字技术手段与传统金融服务业态相结合的新一代金融服务。微信钱包、支付宝二维码一类的移动支付业务，借呗、花呗、微粒贷等网贷业务，以及互联网理财余额宝、保险产品等，都属于数字金融。人工智能、区块链、大数据等新兴科技正在深刻影响金融行业，这些新技术的应用将为金融市场提供更加高效、安全、便捷的服务。金融机构越来越多地采用在线和移动平台进行交易和服务，数字化金融产品和服务也在不断涌现。新技术的应用为金融交易带来高效、便捷、低成本优势，但新的交易风险伴随创新而生，金融领域的风险更容易放大、外溢，法律关系更加复杂。这不仅给金融监管带来新的挑战，也对金融审判工作提出新的要求。

2. 普惠金融和养老金融成为新的重点领域

当前和未来，金融机构更加注重普惠金融，推动金融服务向更广泛的人群普及，特别是让小微企业、农民和城镇低收入人群等特殊群体及时获得价格合理、便捷安全的金融服务。另外，随着我国社会老龄化步伐加快，被称为“银发经济”的老年产业呈现蓬勃发展之势，金融机构不断开发出符合老年人特点的支付、储蓄、理财、信托、保险、公募基金等老年金融服务和养老金融产品。金融审判工作也需适应普惠金融、养老金融的新特点，更加关注特殊群体、老龄人群、小微企业等主体，助力金融普惠化发展。

3. 跨境金融融合发展将更加显著

在全球金融市场的互联互通程度不断提高的大趋势下，国家间的金融合作深化，跨境支付、跨境投资、金融市场的互联互通更加频繁。金融开放也已成为当前金融发展的重要方向，金融机构将更加积极地开展跨境业务，参与全球金融治理体系的建设。在金融市场的跨境融合迅猛发展的同时，金融审判工作也需要快速适应这一新的趋势。

4. 绿色金融将成为新的发展方向

随着全球环保意识的不断提高，绿色金融将成为未来金融市场的发展方向。金融机构将更加注重环境风险管理和投资方向，推进绿色金融产品和服务的创新与发展，实现金融领域的可持续发展。这也对金融审判提出了新的要求和挑战，务必要深入研究绿色金融发展中的特殊法律问题，妥善审理涉及绿色信贷、绿色债券、绿色发展基金、绿色保险、碳金融等新类型案件，以此支持绿色产业的发展，保障绿色金融体系的构建。在审理涉及清洁能源、节能环保、绿色交通、绿色建筑和碳减排技术等领域的绿色金融纠纷案件时，以金融审判支持与推动环保和可持续发展的政策实施。

法治是推动环境治理和促进碳市场合规发展的重要方式。在绿色金融审判中，要坚持最严法治观，严格贯彻落实相关法律规定，综合运用生态环境保护禁止令、惩罚性赔偿等制度，加强对市场主体的监督，推动碳市场的高质量发展。在个案审理中体现对生态文明建设的支持，通过制度建设和裁判规则的创新，为绿色金融的发展和生态环境保护提供有力的司法保障。

（二）数字金融审判的新问题

1. 数字金融发展的制度问题[①]

首先，构建数字金融规范发展的基础设施。防范数字金融风险，首先要构建数字金融基础设施，实现企业之间、企业和监管部门之间的信息共享，打破信息壁垒，搭建信用信息对接通道，实现信息共享。其次，正确界定数字金融平台的法律定位。当前在网络借贷领域，网络借贷平台对资金方有一定的准入条件，会进行资格审查，同时也会对投资者的身份等进行审查。从这个意义上来讲，网络借贷平台已经承担了类似金融机构借贷资格审查的功能，在撮合的过程中，也会对双方的需求进行匹配，包括利率、期限和金额等。实际上，这种服务已经超越了正常信息中介的功能，而是从事金融业务的复合中介。建议从顶层设计上，摒弃不符合市场实际的“信息中介”概念，将数字金融平台从“中介”转变成“数字金融服务商”，为投资人提供资金需求方的信息披露服务和对资产端的尽职调查服务，为借款人提供合格投资人的审查服务等。因此，法律对网络借贷平台等数字金融平台的法律定位，要立足其实际的市场功能，正确界定其法律属性，实现社会经济效果和法律效果的统一。最后，正确界定民事、行政和刑事手段的法律界限。在数字金融治理中，民事、行政和刑事手段的衔接是关键，要形成法律综合治理体系。行政法中的金融监管措施是前置手段，行政法首先为数字金融划定行为边界，只有超出了该边界，涉及刑事问题，刑法才能启动，才能追究当事人的刑事责任。如果提供前置措施的行政法缺位，就会出现刑法滥用、以刑代行的问题。同样，民事手段和行政手段的边界也要划定清楚，公权力要有明确、适度的边界，凡是市场能够做的，就应当

① 参见李有星、潘政、侯凌霄：《论数字金融的法治化建设——“数字金融法治建设的理论及实践”高端论坛综述》，载《法治研究》2019 年第 2 期。

交给市场，而不能处处设限，处处审批。

2. 法律适用和人才培养问题

随着数字金融的快速发展，金融产品和服务越来越多样化，涉及的技术也日益复杂，导致在审判实践中对于如何适用法律规则存在不确定性。在现有法律框架下，数字金融领域的新兴问题可能难以找到准确的法律以适用，需要法律不断更新以适应新情况。比如，虚拟资产的性质认定、智能合约的法律效力等问题，都需要在实践中不断探索和完善相应的法律适用规则。同时，数字金融活动往往跨越国界，涉及多个国家和地区的法律体系，这给审判带来了跨境法律适用和执行的难题。数字金融如区块链、大数据、云计算、人工智能等，涉及的技术性强，审判人员需要具备相应的专业知识和技术理解能力，对区块链、数字货币等新兴技术有足够的了解和认识，才能正确审理相关案件，这对审判人员的专业素质提出了更高要求，而这方面的专业人才相对匮乏。

3. 系统性金融风险和网络安全问题

数字金融的快速发展在一定程度上增加了金融市场的系统性风险。这对金融监管提出了新的挑战，也对金融审判的稳定性和公正性提出了更高要求。随着金融机构对网络技术的依赖程度加深，网络安全问题变得尤为突出。金融系统的网络化、数字化和智能化使安全具有更大的复杂性、多样性和传导性，数字金融的创新速度超过了现有监管体系的更新速度，导致监管部门在面对新兴问题时可能存在监管滞后的问题，这对审判机关处理相关案件提出了更高的要求。

4. 数据权属不清晰和证据认定难度问题

在数字金融领域，数据的所有权、使用权和交易规则尚不明确，导致在审判实践中难以界定数据权利的归属和保护范围。数字金融交易往往依赖电子数据和网络平台，这些数据的易篡改性和匿名性给证据的收集、固定和认定带来了困难。

5. 审判效率和多元化解机制问题

数字金融审判的问题涉及案件的批量化和类型化处理难题、审判效率低下、金融产品合规性不足等多个方面。这要求法院系统对庭审要素进行精准整合，制定合理的证据目录指引并简化裁判文书，以提升审判效率。然而，诸如缺席判决、送达效率低等问题依然存在，影响了审理效率。此外，一些数字金融产品在格式条款、电子合同存证、责任划分等方面规定不够明晰，导致纠纷频发。为了应对这些问题，有些法院通过技术创新提高了审判效率，如数字金融法庭、数字金融纠纷化解平台的建立，但这并不意味着所有法院都能高效处理数字金融案件。审判资源的有限性和案件数量增加的矛盾仍然是一个问题。面对涉金融纠纷，需要建立多元化的解决机制，既要保持对金融犯罪的高压态势，又要为陷入困境的中小微企业提供纾困措施，这要求司法系统能够灵活应对不同类型的金融案件。如何平衡惩治逾期还贷、金融犯罪与为陷入困境的中小微企业纾困之间的关系，仍然是一个难题。

总之，数字金融在推动实体经济发展的同时，也带来了新的风险和挑战。这些挑战包括但不限于法律适用、金融风险、网络安全、数据所有权的界定、审判效率、多元机制等诸多方面。需要司法系统不断探索创新审判模式和技术应用并加强金融产品和服务的合规性建设，以保障数字金融的健康稳定发展。

三、金融审判的创新机制与路径

金融是现代经济中调节宏观经济的重要杠杆，是沟通整个社会经济生活的命脉和媒介。金融改革与发展需要法律的引导、规范和保障，法治金融是中国特色社会主义市场经济体制建设的内在要求。为不断满足中国特色的金融文化和金融强国之司法需求，金融审判在数字时代必须有新作为、新举措。

（一）要有鲜明政治站位，运用法治思维找办法

习近平总书记关于推动我国金融高质量发展方面有很多重要论述，如“防范化解金融风险，事关国家安全、发展全局、人民财产安全，是实现高质量发展必须跨越的重大关口”①。

“从政治上看”的站位上去了，“从法治上办”的思路举措也就跟上了。如何进一步把“从政治上看、从法治上办”落到实处，根本在于久久为功把习近平法治思想作为“纲”和“魂”，融入金融审判工作全过程各方面，将法院工作融入国家的大政方针和社会治理大局，紧紧扣住“依法”这个关键来履行法院职责。面对复杂多变的金融市场环境，必须落实“从政治上看、从法治上办”的战略思维，坚持运用法治思维找方法、寻路径。

（二）设立金融审判组织架构，构建与金融监管协同的机制

当前，理论界、实务界都在倡议推动金融审判体系变革，成立专门的金融法院或审判庭，完成对金融案件的集中管辖，使金融审判专业化水准升高，创建公平、高效的金融审判体系。域外很多金融法院（庭）的设立都以出台法律为基础，且都具有很强的独立性，多数都隶属于司法体系而非行政体系。《最高人民法院关于进一步加强金融审判工作的若干意见》第28条明确：“根据金融案件特点，探索建立专业化的金融审判机构。根据金融机构分布和金融案件数量情况，在金融案件相对集中的地区选择部分法院设立金融审判庭，探索实行金融案件的集中管辖。在其他金融案件较多的中级人民法院，可以根据案件情况设立专业化的金融审判庭或者金融审判合议庭。”上海金融法院、北京金融法

① 中共中央宣传部、国家发展和改革委员会：《习近平经济思想学习纲要》，人民出版社、学习出版社2022年版，第151页。

院、成渝金融法院揭牌成立，标志着我国金融审判专业化进入新的阶段。除了要构建专业化金融审判法院（庭）外，法官专业化建设也是金融司法改革的重要要求。司法实践中，对审理金融案件法官的培养方式多以短期交流参观、培训为主，不能满足金融案件审理的需求，因此亟须通过建立专业金融陪审员咨询库制度发挥专家智慧，确保金融审判专业化，切实提高金融法院（庭）专业队伍素质。[①]

同时，法院系统要与地方金融监管部门形成协同共治机制，构建金融审判与金融行政监督协同、联合、互动新模式，从宏观和微观上对金融生态体系、操作规程等采取全方位的指导、服务、监管等措施，建立“横向到边、纵向到底”的务实有效的工作机制。

（三）摆脱传统办案思路，践行能动履职理念

法院在处理金融案件时，不应仅限于传统的裁判角色，而应积极主动地参与到社会治理中，延伸法院传统审判职能，扩展金融司法的服务意识，推动金融风险防范意识宣传进村委、进社区、进学校、进乡镇、进企业、进项目、进工地等，通过司法宣传活动对社会行为进行引导和规范，从源头减少法律纠纷，防范化解金融风险，以实现法律效果与社会效果的双赢。首先，创新办案思路适应金融创新。随着金融市场的快速发展和金融产品的不断创新，传统的办案模式可能无法完全适应新情况。因此，法官需要不断学习新的金融知识和法律法规，以便更好地理解和处理新型金融案件。其次，践行能动履职理念，主动发现社会问题。法院在审理金融案件时，应主动关注案件背后可能反映出的社会问题和风险点，通过司法判决对这些潜在问题进行预警和干预，提出司法建议，向相关金融机构或监管部门提出改进意见和建议，促进行业的健康发展。再次，参与社会治理。法院不仅要解决具体的纠纷，还要积极

① 参见童永峰：《司法规制下防范化解系统性金融风险研究》，载《学理论》2023年第2期。

参与到社会治理中，通过司法活动推动法律的完善和社会治理的改进。最后，推进案例指导制度。法院要发布典型案例，为市场参与者提供明确的法律指引，帮助其预测和规避潜在的法律风险。典型案例的判决可以对类似案件产生示范效应，引导金融市场参与者遵守规则，促进市场的公平和透明。

在金融审判中，法官要以如我在诉为情怀、以问题导向为担当，以当事人的利益为核心，关注案件中的问题，以解决问题为导向，承担起维护金融秩序和捍卫社会公平正义的责任。这意味着法官在审理金融纠纷案件时，要站在当事人的角度，关注其利益和诉求，理解其需求和困境。这种情怀要求法官具备同理心，关心当事人的权益，以便更好地解决纠纷，实现公平正义。这意味着法官在审理金融纠纷案件时，要关注案件中的争议点和疑难问题，通过深入调查、分析和论证，找出问题的根源，提出合理的解决方案。这要求法官具备专业素养和责任感，勇于面对复杂问题，敢于担当，以实现金融秩序的稳定和社会公平正义。

（四）“抓前端、治未病”，协同共治促规范

习近平总书记指出，“我国国情决定了我们不能成为‘诉讼大国’。我国有 14 亿人口，大大小小的事都要打官司，那必然不堪重负!”①。“抓前端、治未病”体现的是系统思维，在金融审判中，预防性司法理念和综合治理策略，是解决我国矛盾纠纷多发、诉讼案件数量激增问题的现实要求。人民法院主动融入国家治理、社会治理，坚持办理一案、治理一片，主动对接相关职能部门和基层组织，坚持实质性化解矛盾、解决问题，坚持把诉调对接的“调”再向前延伸，促进实现“抓前端、治未病”。

“抓前端、治未病”与中华优秀传统文化相契合。中华优秀传统文

---

① 《习近平谈治国理政（第四卷）》，外文出版社 2022 年版，第 295 页。

化强调未雨绸缪、防患于未然。强化矛盾纠纷的源头治理，预防形成矛盾纠纷及矛盾纠纷形成后强调早期解决，与我国传统文化中的防微杜渐、始于未发的基本思路相契合。“抓前端、治未病”，既是一种理念，也要成为人民法院切实的行动。通过前瞻性的司法措施，提前介入和解决可能出现的金融纠纷，并通过多方合作共同推动金融市场的规范化发展。

强化金融治理协同共治，要加强重大案件、重大风险协同处理的示范效应、模式效应。人民法院在处理对金融市场有重大影响、社会关注度高的重大案件时，要了解相关的监管措施，听取监管部门意见，使重大案件的处理具有“三个效果”统一的市场示范效应。比如，包商银行风险处置和破产案就是范例。要优化行政管理与金融司法在风险处置等特殊案件中的程序关系，需要行政处置先行，或者在政府主导下行政处置先行更有利于化解风险、保护各方权益的，人民法院要把握程序节奏，做好先期配合工作，确保行政处置在法治轨道进行，并与以后的司法程序在法律适用上保持连贯性、一致性，使风险协同处置具有可推广、可遵循的模式效应，比如，“e租宝”“原油宝”案件的处理就是范例。

强化金融治理协同共治，要注意把握好金融审判的职能定位。金融民商事审判重在定分止争，通过在案件审理中对市场交易行为的肯定性或否定性评价，以及民事责任的认定，引导市场主体规范操作、合法经营。在案件审理中，要遵循司法规律，坚持实体公正与程序公正相统一，特别注意个案处理的公平性、合理性。比如，在对违法合同作出否定性评价的同时，注意利用缔约过失责任规则使违法且不诚信的当事人付出代价。要认识到，人民法院只是在缺乏法律、行政法规，甚至金融监管规则规定的情况下，因“不得拒绝裁判”而通过个案裁判或司法解释对监管规则起到填补的作用。比如，监管规则就民间借贷利率问题无具体规定，就相关纠纷，法院既不能不裁判，又不能作出五花八门的裁判，确定利息司法保护上限是依法行使审判权，统一法律适用标准的需要，而不是超越职责分工，代替监管部门定利率。总之，金融民商审判中金融治理协同，要把握协同之度、着力之处、结合之点。①

（五）推动金融行业协会调解与司法确认对接机制

要做深做实新时代“枫桥经验”，解决案多人少矛盾，在党委领导、多元共治下，做实指导调解的法定职能，通过案例指导、业务培训等方式，将工作重心从分流纠纷的“中转站”向前延伸，助力、引领、支持大量纠纷不出村镇社区，在行业企业“娘家”、在源头就能得到化解，促进提升矛盾纠纷预防化解法治化水平。

要切实发挥制度优势，不仅要“引进来”，在法院内搭台做“诉调对接”，还要“走出去”，把司法审判职能向前延伸，把诉源治理工作做深做实。要建立健全司法、行业协作机制，完善常态化业务指导机制，加强调解工作组织保障，提升新时代调解工作办理和治理并重效能。要夯实基础、筑基强基，推进调解组织规范化、调解员队伍专业化、调解工作覆盖精细化，切实把调解制度优势最大限度转化为非诉解纷或司法确认效能。

（六）把脉金融风险防控，协助普惠金融推广

普惠金融是以数据为基础、以互联网技术为载体，面向更广泛的群体、更偏远的地域提供的金融服务，受益主体更多的是低收入人群和小微企业。普惠金融既扩大了金融受众，也放大了金融风险。

要精准“把脉”，变“化解矛盾”为“提前预防”。面向小微企业、个人信用等中低收入主体的贷款，其诚信意识和风险意识的培养和教育

① 参见刘贵祥：《关于金融民商事审判工作中的理念、机制和法律适用问题》，载《法律适用》2023 年第 1 期。

就显得尤为重要，要明确释明告知贷款前的信用风险和法律风险。客户难找、贷款难放、风险难控、利润难增，是当前银行面临的现实困境；融资难、融资贵、信息不对称、诚信意识差，是当前小微企业、低收入人群的现实困境。处理好放贷与融资、发展与风控的问题要做好两方面工作：一要协同共治搭平台，协助银行风控，打通放款困境，助力普惠推广，解决融资困境。二要建立普惠金融服务点。在当前征信体系不完善、信息不对称等问题仍大范围存在的情况下，普惠金融除面临着传统金融风险（信用风险、市场风险、操作风险和流动风险），还存在诚信意识差、信息提供成本高等问题。应以金融服务站为依托，在社区设立金融司法与监管前端服务站，探索“监管+司法+金融”合作模式。

（七）推动信用体系建设，加快构建信息共享平台

金融的本质是信用管理，应依靠信用体系，借助现在的技术能力，用以大数据为基础的信用体系来取代“当铺”思想。这个信用体系不是建立在信息技术的基础上，不是建立在熟人社会的基础上，而必须是建立在大数据的基础上，才能真正让信用等于财富。我国银行业以抵押和担保为主要风险控制手段的“金融当铺”思想，在现实中已经造成了严重的经济后果，甚至可以说是现在银行不良资产积聚、局部风险累积的重要原因，也给金融纠纷案件的审理和执行造成客观上的困境。

金融审判必须以问题为导向，通过专业化的建设和创新的司法实践，推动信用体系和信息共享平台的建设。第一，金融审判发挥其司法职能，有助于强化市场信用约束，提升金融服务实体经济的能力。这不仅有助于更好地发现和识别风险，还能有效管理和处置风险。第二，人民法院在审理案件的同时，应主动延伸司法职能，不断推动信用法治化，从而促进社会信用体系的完善。第三，金融审判领域的改革和创新也是推动信用体系建设的重要动力，应组建专业审判队伍，并引入金融专家辅助机制。例如，设立金融法院、金融法庭就是立足金融审判新常

态的重要举措，有助于提升金融审判的整体效能。第四，建立人民法院与金融监管机构之间的沟通机制，定期通报重要案件情况，强化金融监管和金融审判的衔接配合，形成统一的金融市场规则和提高金融市场的透明度。第五，严厉打击金融市场中的各类违法行为，如违法发放贷款、骗取贷款行为，干扰注册制改革的证券犯罪和违法违规行为，保护和规范民间借贷。这些措施有助于维护金融市场的正常秩序，增强市场参与者的信用意识。总之，金融审判通过专业化建设、市场信用约束的强化、信用法治化的推动以及改革创新和沟通机制的建立，为信用体系的建设提供坚实的法治基础和有效的实践途径。这些措施不仅可以提高金融市场的效率和安全性，还可以促进整个社会信用环境的改善。

加快构建信息共享平台协调机制。第一，通过创建金融一体化平台，加强法院、金融机构与调解组织的线上对接，连接金融机构的诉讼服务系统、法院的案件办理系统以及调解机构的诉前调解系统，实现金融纠纷的高效批量诉前化解。第二，通过信息共享平台，打通金融机构和法院之间的案件数据流转壁垒，实现金融案件从立案到结案归档的全流程在线快捷、高效、智能办理，提升法院的审判质效。第三，结合智慧法院建设，探索建立金融审判信息平台，研究建立以金融机构为当事人的民商事案件信息管理系统，实时反映金融机构涉诉信息，并建立重大金融案件的信息专报制度，以便及时研究应对措施，有效防范金融风险的传导和扩大。第四，推进智慧法院建设，提供一站式诉讼操作，利用现代信息技术，如人工智能、大数据等，建立金融案件多元解纷一体化平台。实现案件要素信息导入、批量立案、批量缴费和文书签收等功能，大幅降低诉讼成本，并通过该平台统一金融类案件的信息和电子证据清单，高效处理大量金融纠纷。第五，在法院现有的立案系统、审判系统中嵌入要素式审判方式，利用金融机构端提取的要素信息，在各环节进行批量化流程办理，通过文书自动生成系统，提高案件流转和审判工作效率。第六，增加金融审判规则供给，适应金融市场的发展，及时更新和完善金融审判规则，确保司法裁判的质量和效率，保护广大人民群众的合法权益。

总之，金融审判推动信息共享平台建设，不仅可提高审判工作的效率和质量，还可加强金融监管，保护金融机构和消费者的合法权益，为营造良好的金融法治环境作出积极贡献，有助于实现金融领域的公平正义，营造良好的金融法治环境。

（八）摆脱金融债权赋强公证困境，推动诉源治理制度创新

1. 剔除债权合同公证环节，推行赋强执行文书制

现行赋强公证制度的环节之一是债权合同公证环节，即由公证机构出具公证书，证明债权合同的真实性和合法性。要式性、法定性的金融债权合同在格式、条款、内容的规范性方面显然有别于其他债权合同，特别是标准化的金融债权合同文本反复大量使用，加之金融机构的内控流程精细，因此，建议债务人自愿接受强制执行的承诺以固定格式载入金融债权合同中，债务人自愿签订此合同的，视为该金融债权合同的合法性和真实性得到了保障，而无须公证机构再行公证其合法性和真实性。在债务人没有履行或未适当履行约定的债务时，银行可向公证机构申请出具执行证书，凭执行证书直接向法院申请强制执行。如此，在赋强公证制度设计上将两个环节减少为一个环节，不仅操作简便，提高了实施效率，也减少了一个公证收费环节，降低了当事人的经济、时间成本。

2. 推行金融借款合同纠纷特别程序处理机制

金融借款合同纠纷特别程序制度是指在特定情况下，法律规定了一种特殊的诉讼程序，以便在特定类型的纠纷中，能够更加快速和高效地解决争议。2012年修正的民事诉讼法增加一项“实现担保物权案件”特别程序，在加快对金融债权实现、保全、执行程序上已有突破。金融债权特别程序制度，在债务人逾期偿还本息且难以协商一致的情况下，

允许银行等金融机构向法院申请裁定准予强制执行。法院对银行金融借款合同经调查核实或书面审查后，债务人对事实无异议或债务人无法联系而事实清楚、证据充分的，法院作出准许强制执行的裁定，无须通过诉讼程序审理。

金融债权赋强执行制度与特别程序制度共存，既弥补金融债权文书赋强公证的不足，也是践行诉源治理与多元纠纷化解机制的有效措施。公证强制执行与裁定准予强制执行制度并存，既有效推动了银行实现债权，也迎合了部分债务人的心理需求，同时也从制度上解决了金融债权合同案件诉源治理的问题，并助力了公证机构赋强金融债权合同业务的发展。

3. 推行金融在线电子存证①

回应与解决普惠金融问题的关键，在于让金融机构与公证机构建立区块链的数据分布式存储体系，借助于在线赋强公证的方式获得具有执行效力的法律文书，推动在线贷前、贷后的全流程管理。该体系在贷款申请环节实现了对客户的警示，堵截了具有潜在欺诈风险的客户；在贷后催收环节由公证机构进行核实催告，减少了金融机构的催收工作量，同时在催收监管趋严的当下，解决传统催收方式成本高、效率低、周期长、催收手段不合规等问题。一旦产生不良贷款，金融机构可以凭借公证机构线上出具的电子执行文书直接进入法院强制执行阶段，所有程序性电子文书在线上自动生成，大幅度提高法院的执行效率；且法院在依法催收失败后，还可以实现终本裁定及时送达金融机构，让金融机构及时完成税前核销，并把失信人纳入失信名单，实现对失信人的惩戒效应。

其中，金融机构的这种在线贷款以在线赋强公证为切入点，把贷款申请嵌入公证流程，引入公证机构对借款人进行识别，向客户告知赋强

① 参见杨力：《论数字金融司法一体化》，载《政法论丛》2022年第4期。

公证的流程，予以贷前的法律后果提示和预警。然后，完成借款协议的双方在线签约，客户每笔用款交易数据在线存证，构建起完整的贷款证据链。从金融机构的角度来看，贷前赋强公证获取的客户信息全部符合公证法定要件的客户授权，且通过加密算法向公证机构传送和存放；同时，贷款交易数据也是通过密文形式加以传输。借助于这样的方案，区块链上的大数据在客户端、金融机构端实现了安全可靠的分布式存储。正是这一分布式存储的可信性，让金融机构实现了全线上完成贷前流程申请、公证机构的贷后不良客户催告，以及属地化的申请法院强制执行和对接失信被执行人名单。因此，在线赋强公证应用区块链的本质在于解决了电子存证的公正性，大幅提升了线上债权文书执行的质效。其结果表现为高效保护债权人、债务人的实体权益和程序权益，在推动普惠金融建设上具有标杆性作用。

（九）以调研、司法建议、普法宣传为依托，拓展金融司法服务路径

第一，通过调研发现真问题。法官通过走访金融机构、企业和其他市场参与者，了解金融市场的最新动态、实际需求和存在的问题。针对金融市场中的热点问题和疑难案件开展专题研究，形成有针对性的研究成果，为司法调研、建议提供理论支持。第二，通过司法建议促进管理。对于在审判过程中发现的问题，法院可以向金融机构或监管部门提出风险提示、改进管理和操作的司法建议，促进金融机构和企业完善内部控制机制。针对审理过程中发现的金融纠纷风险隐患和社会治理领域共性问题，及时向当地党委政府报告或与有关职能部门沟通协调，并根据需要发函或发出司法建议，为防范和化解金融风险和加强基层社会治理贡献司法智慧。第三，通过公开讲座、研讨会、发布法律解读材料等形式，普及金融法律知识，提高公众的法律意识和风险防范能力。定期发布具有教育意义的典型金融案例，向社会展示法院如何处理金融纠纷，起到警示和示范作用。

通过调研、司法建议和普法宣传等方式，法院能够更好地了解和服务于金融市场，预防和减少金融纠纷，促进金融市场的稳定和健康发展。这种服务导向的司法理念有助于构建公正、高效、便捷、可预期的金融司法环境，为经济社会的整体发展提供坚实的金融支持和司法保障。

（十）以数字赋能探索金融审判新的理念与实践

在金融审判中，要利用数字技术提升金融审判的质量和效率，同时通过数据分析等手段深化对金融法律问题的研究，推动金融司法理论和实践的发展。法院可以通过引入人工智能、区块链、大数据分析等数字技术，提高案件处理的速度和准确性，数字化管理系统能够帮助法官高效地整理和分析案件资料，辅助判决决策。①

完善前置性司法规则，建立全域性数字金融司法送达地址确认制度，对于金融合同强制建立司法送达地址确认制度：第一，金融主体特别是商业银行、互联网公司与其他主体订立合同时约定司法送达地址，即要求其提供有效的邮寄送达地址，载明收件人、联系电话、电子邮箱等内容，并明确约定其提供的地址为司法送达地址。第二，明确司法送达地址适用的范围和期间。范围为与合同相关的各类通知、协议、民事诉状副本、开庭传票、民事裁定书及其他相关法律文书。期间为一审、二审、再审、执行程序。第三，进行风险提示。约定对于地址、接收人的变更，应及时通知，同时写明因提供地址不准确或变更后未及时告知造成诉讼文书未及时签收或退回视为送达的内容。第四，进行特别提

---

① 参见乔溪：《司法引擎：数字金融审判的路径检视与调校——基于T省三级20家法院的实践考察》，载《人民法院服务中国特色社会主义法治体系建设与刑事法律适用问题研究——全国法院第34届学术讨论会获奖论文集》，人民法院出版社2022年版，第450页。

示。对约定司法送达地址条款内容进行字体加黑加粗的特别提示，有条件的由合同主体亲笔抄写并签字捺印确认上述条款内容。

完善数字金融案件电子送达应用机制。建立“电子送达为主，其他送达方式为辅”的送达机制。在上述司法送达地址确认制度中，增加电子送达的约定条款，明确电子送达适用条款和适用优先条款。同时，可加强顶层设计，制定司法解释扩大电子送达的范围，明确数字金融交易过程中当事人使用的电子方式均可作为送达地址，只要应诉材料推送至该电子系统并被点击，即可视为送达。案件审理过程中，由审判人员引导当事人在送达地址确认书中留存手机号码、电子邮箱等，并勾选同意电子送达的选项。庭审过程中，由法官询问到庭当事人是否同意电子送达；同意电子送达的，选择电子送达地址。

深化数字金融案件要素式审判应用。基层群众需要的不仅是公正的裁判结果，更是一种能够通过高效而低成本方式获得的优质司法产品，这对基层法院管辖的大量数字金融案件提出了快审快结的要求，而要素式审判无疑是满足这一要求的良方。要素式审判需要在不改变诉讼价值和结构的前提下，最大限度简化诉讼程序，以实现司法资源优化配置，提高审判效率。对于事实清楚、权利义务关系明确的类型化数字金融案件，原则上适用要素式审判。

利用大数据分析工具，法院可以对历史案例进行深入研究，发现金融纠纷的规律和趋势，为制定司法政策提供科学依据，并为法官提供更为科学的决策支持，帮助法官预测案件趋势和社会影响。通过对金融市场数据的实时监控，法院可以及时发现潜在的系统性风险，提前采取预防措施。利用数据挖掘技术发现潜在的法律问题和风险点，为制定司法政策和提出司法建议提供依据。

开发和应用智能审判系统，如智能合同分析、案件预测模型等，帮助法官快速识别案件关键点和适用法律条文。通过算法辅助法官进行事实认定和法律适用，减轻法官的工作负担。利用智能合约等区块链技术确保判决执行的自动化和不可篡改性，提高执行效率。智能问答系统和在线服务平台可以为公众提供便捷的法律咨询服务，提高司法透明度和公众满意度。基于数字化手段收集的实证数据，法学研究者可以更准确地评估现行法律规则的实际效果，提出改进建议。实践中的新问题和案例可以反哺法学理论的发展，促进金融法律体系的完善。

通过数字赋能，基于数字化手段收集的大量实证数据，可以更加深入地研究金融法律的理论问题，提出具有实践指导意义的新理论。数字金融审判不仅可以提高审判工作的质量和效率，还可以促进金融司法理论的创新和发展，为金融市场的稳定和健康发展提供更有力的司法保障。要建立数字化的金融司法知识库，方便法官、学者和实务工作者共享和查询最新的研究成果和案例信息。要通过网络平台和社交媒体等渠道，加强对金融法律知识的普及和宣传，提高公众的法律意识。

最新法律文件解读丛书

稿　约

最新法律文件解读丛书是一套以为最新法律规范提供同步“解读”为主的系列丛书，分为刑事、民事、商事、行政与执行4个分册，按月出版。

本丛书以“解读”为重点，突出全、专、新、快、准等特点，通过对最新出台的法律、法规、司法解释、部门规章以及重要地方性法规进行同步动态解读，弥补了法律、法规、司法解释汇编类出版物没有同步阐释、解读内容的不足，为广大读者学习理解最新法律规范，正确贯彻执行法律文件，及时解决实践中的新情况、新问题，提供一个全方位、多层面的法律信息平台。

欢迎您向以下栏目赐稿：

【最新法律文件解读】主要是对最新颁行的法律文件进行解读，帮助司法和执法人员正确理解法律文件的立法背景、意义、重点内容、在适用中应注意的问题、与相关法律文件的衔接与互动关系等。

【司法实务问题研究】主要刊登对司法理论、实务及司法管理工作中的热点、疑难问题进行研究及评论的文章。

【新类型疑难案例选评】主要是对司法和行政执法实践中具有典型性和代表性的疑难案例，结合具体案情以及审理或处理结果进行简练精辟的点评，解析认识问题的方法、处理问题的法律依据和在个案中的具体适用。

【法学前沿与新视点】以摘要的形式刊登相关法学理论研究的最新动态及具有代表性和典型性的前沿问题，扩展法学研究的深度和广度。

【法律适用问题解答】主要针对司法和行政执法实践中面临的新问题、热点问题、疑难问题进行简要的解答，指出涉及的法律关系，明确法律适用依据。

稿件一经刊用即付稿酬，稿酬从优。

《刑事法律文件解读》　　杨晓燕　邮箱：5184621@qq.com

《民事法律文件解读》　　杨　洁　邮箱：1216921515@qq.com

《商事法律文件解读》　　路建华　邮箱：shangshijiedu@126.com

《行政与执行法律文件解读》　赵杰琼　邮箱：1092123089@qq.com

人民法院出版社

最新法律文件解读丛书编辑部